小平奈緒

Link

信濃毎日新聞社

Prologue

頂へ一歩一歩　あの日見た景色

子どもの頃、夏になると父と一緒に毎週のように山登りをしました。長野県茅野市に生まれ育ち、八ヶ岳はとても身近な山でした。標高３０００ｍを超える仙丈ヶ岳など南アルプスの山にも行きました。

私の競技人生の歩み方は山登りが原点だったのではないか――。

選手として最後の夏を過ごしていた２０２２年8月11日の山の日、そのことに気付きました。２０１８年2月の平昌《ピョンチャン》五輪スピードスケート女子５００ｍで金メダルを獲得した後、私にとって金メダルを獲得することが最終目的ではなかったことが分かったからです。

山登りは頂上を目指します。途中は林の中で木に視界を遮られたり、雲の中に入ったりして、なかなか良い景色は見られません。しかし歩き続けていると、急に視界が開けて景色が見える場所があったり、足元を見渡せばきれいな高山植物の花が咲いていたりして励まされます。行き交う人とあいさつを交わし、知らない人との交流もあります。

皆が頂を目指して進みますが、競争ではないから順位はつきません。一歩一歩着実に進んでいくことが頂に近づく唯一の手段です。時には天気が悪くて引き返すこともありますし、何らかの理由で山頂までたどり着けない人もたくさんいます。

こうして、やっとたどり着いた山頂からは、感動的な景色を見ることができます。山頂の景色の見え方は、人によっても違います。その日の天気や空気の澄み具合、季節によっても変わってきます。

私が小学5年だった1998年2月の長野五輪をテレビで観た時、何に感動したかというと、その空間の雰囲気だったと思います。

選手は自分の能力を高めるため、たくさんの努力を積み上げていきます。外国の選手も同じように努力し、そういう人たちが集まって頂点を目指します。しかし頂点にたどり着いた人が見ることのできる景色は、その人だけが創り上げた景色ではありません。観客を含めて他の人たちがいて成り立つものです。

長野五輪を観て、金メダルに憧れたのではなく、そういった空間に憧れたのだということが分かりました。スケートを通じて自分が目指したかったことは、山登りの体験と一緒だったんだなと思いました。

実際に私が金メダルを獲った時、金メダルそのものよりも、周りの人が喜んでいる姿だったり、会場がたたえ合う雰囲気に包まれた瞬間だったりが、今の記憶には強く残っています。それは1人では創り上げることができない空間。だからすごく価値を感じました。

その瞬間に人生で最高の作品を表現して皆さんに見てもらいたい。人生の1ページの瞬間を充実したものにしたい。私がスケートを通じて目指したことは、そのようなことでした。

2022年10月22日の全日本距離別選手権で「ラストレース」に臨みました。舞台は長野市のエムウェーブ。私の心を突き動かし、夢を目指すきっかけとなった長野五輪の会場です。

予想もできないほどたくさんの人に来ていただき、心が震えて飛び出てきそうになりました。テレビの画面越しで見た長野五輪の景色とは違い、人の温もりを感じながら最後の1レースを滑ることができて本当に幸せでした。

小学3年の時、八ケ岳・赤岳へ父と登り、頂上で記念撮影
＝1995年8月

Contents

写真
カバー（表1・表4とも）　アフロスポーツ
表紙　松尾／アフロスポーツ
扉（P9）　アフロスポーツ

いずれも2022スピードスケート
全日本距離別選手権 引退セレモニー
＝2022年10月22日、長野市エムウェーブ

Chapter 1.

求道

恥ずかしがり屋で泣き虫の末っ子

ゴールの先にペロペロキャンディーを持った役員の方が立っていました。３人姉妹の末っ子だった私は、ふだんはあまり自分の好きな物を選べる立場ではなかったのですが、スケートで1番になれば好きな色のキャンディーを真っ先に選べます。だから一生懸命に滑りました。

何歳の頃だったのかは分かりませんが、保育園の時に出場した１００ｍのレースが私の中に残っているスケート大会の一番古い記憶です。

その大会では「断トツの1位です」とアナウンスされたそうです。でも、周囲の状況や誰かよりも速かったということは覚えていません。ゴールの先のキャンディーを目指してまっしぐらでした。１位になって選んだのは黄緑色の青リンゴかメロンのキャンディーだったと思います。

父安彦、母光子の三女として茅野市で生まれ育った私がスケートを始めたのは３歳

1歳の誕生日に、2人の姉と一緒に記念撮影
（三輪車に乗っているのが私）＝1987年5月

の冬。ちょうどその年の12月に茅野市国際スケートセンターがオープンしました。2018年の平昌五輪で私が金メダルを獲得した後、ナオ・アイス・オーバルの愛称を付けてもらったリンクです。そこで初めてスケート靴を履きました。私が小学校に入学してから、母はスケートセンターに勤務するようになりました。

姉2人が小学校のクラブでスケートを始め、末っ子の私を家で1人にしておくわけにはいかないと、両親は作戦を考えました。「そうだ、奈緒にスケート靴を履かせて、リンクの上に置いておけば遠くには行かないだろう」と。他の子どもたちがビュンビュンと滑っている中で、誰から教わるでもなく自分でリンクを周回するようになっていました。

両親は姉たちやクラブ全体の様子を見ていたので、私は放ったらかしの状態。1周滑ってくると、リンクサイドにいる父親やクラブで教えている保護者の方の背中や腕をトントンと叩《たた》いて存在に気付いてもらう。そうすると「もう1周滑ってきたの。すごいね」と言って褒めてもらえます。それが嬉しくて何周も滑っていました。

ちか（知佳）ちゃん、まい（真衣）ちゃんと呼んでいた2人の姉とは年が5歳と4歳離れていました。末っ子だった私は泣けばなんとかなると思っていて、事あるごとによく泣いていました。それを両親や姉が面白がり、泣いているのに笑わされたりして感情がぐちゃぐちゃになるような状況をつくられていました。泣きながら牛乳を飲んでいる私を見て父が、今がチャンスとばかりに面白い顔で笑わせてきた時には、大惨事でした。

三姉妹で騒いでいることが多かったです。父が電話をしている時にうるさくしていてよく叱られました。でも姉たちは要領が分かっていて、叱られそうになるとすぐ逃げる。気付くのが遅い私が、叱られ役になることが多かったと思います。

小さい頃は人見知りで、恥ずかしがり屋で、泣き虫。人前に出るのがあまり得意ではなく、両親や姉たちの後ろに隠れていることが多かったです。遠出をしてスーパーマーケットでお総菜を買った時に、レジで「おはしをください」と言うことができず、父の足を何度も踏んで「お父さん言って」と。そんな子どもでした。

末っ子だからといって親に甘やかされることはなかったと思います。自分でやってごらんと見守られていることが多かったです。後で取り返しのつく失敗なら大丈夫だから、自分のやりたいことにはどんどん挑戦してごらんという感じでした。

信州の大自然をフィールドにして挑戦する機会を与えてもらったこともありました。

父は山登りが好きで、小学生の頃は夏になると父に連れられて八ヶ岳などの山に登りました。当時、父が仕事の関係で英会話を習っていて、仲良くなった外国人講師と一緒に登ったこともあります。英語でのコミュニケーションはできませんでしたが、初めて外国の人と接する体験になりました。登山以外にも、八ヶ岳の麓までマウンテンバイクで一緒に行ったり、諏訪湖を自転車で1周したりしたことを覚えています。

負けず嫌いで習い事もいろいろ

豊平《とよひら》小学校（茅野市）では2人の姉と同じように学校のスケートクラブに入りました。スケートに詳しい保護者が指導をしていましたが、父はスケートについての知識が乏しく、指導をするというよりは、同じ目線で一緒に考えるという感じでした。

トップ選手が出場する全日本の大会が県内であると、「本物を観に行こう」と言って、連れて行ってもらい、2人で勉強しました。速い選手の滑りを見ながら、「こうしたら速くなるんじゃないか」と話し合い、練習でその動きを取り入れてやってみます。そんなことの繰り返しでした。

習い事は水泳、ピアノ、習字をやっていました。両親と最初に約束したのは、自分でやりたいと言って始めた習い事は6年まで必ず続けること。でも習字だけは、友達の家に行って遊ぶのが楽しくてあまり通っていませんでした。そうしたら習字の先生から両親に「今月の月謝はいりません」と連絡が入ったので、通っていなかったことがばれてしまいました。

男の子とサッカーをして遊ぶことも多く、一輪車に夢中になった時期もあります。一輪車に乗りたいがために朝早く学校に行って自分が乗る一輪車を確保して遊んでいました。縄跳びもいろんな技を覚えて一生懸命やっていた記憶があります。

図書館で本をたくさん読み、学級で賞をもらったこともありましたし、小学4年から金管バンドに入ってコルネットを吹いていました。リコーダーもやっていて、コンクールにも出ました。スポーツ少年団でテニスをやったこともあります。

好奇心は旺盛だったと思います。小学5年の時、信濃毎日新聞に〈私の放課後は、いつも楽しい事がいっぱい。まるでドラえもんのポケットのようです〉と書いた作文

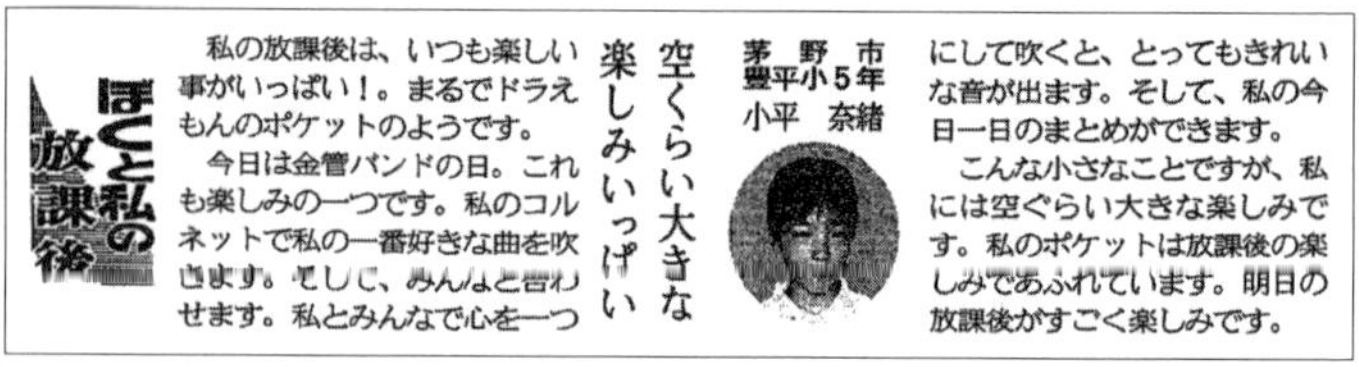

ぼくと私の放課後

空くらい大きな楽しみいっぱい

茅野市豊平小5年
小平　奈緒

私の放課後は、いつも楽しい事がいっぱい！。まるでドラえもんのポケットのようです。

今日は金管バンドの日。これも楽しみの一つです。私のコルネットで私の一番好きな曲を吹きます。そして、みんなと合わせます。私とみんなで心を一つにして吹くと、とってもきれいな音が出ます。そして、私の今日一日のまとめができます。

こんな小さなことですが、私には空ぐらい大きな楽しみです。私のポケットは放課後の楽しみであふれています。明日の放課後がすごく楽しみです。

小学5年の時、信濃毎日新聞諏訪版に載った作文「ぼくと私の放課後」
＝1997年7月31日付

が載りました。

高学年になると、スケートは県大会で毎年優勝するぐらいの力が付いていたと思います。もちろん負けることもあります。一度、表彰台に上がれなかったことが悔しくて、表彰式に出なかったことがありました。

地元で行われた大会で、確か4位。6位か8位まで表彰式に参加するのに、駐車場に停めてあった父の車の中にずっといました。いつも表彰台に上がっていたのに、負けたことが自分なりにすごく悔しかったからです。

その時、母にすごく叱られました。「なんで表彰式に行かないの。負けてもちゃんと出なくちゃいけない。表彰式で待っているお友達や、表彰の準備をしている人の気持ちが分からないの?」と。叱られて泣いたのではなく、その人たちを想像したら涙が出てきました。

今考えても、よく表彰式をボイコットしたなと思います。それだけ感情が素直に出て、本当に悔しいという気持ちだったのだなと。

当時から負けず嫌いでした。姉たちが簡単にできることが、自分にはできない悔しさみたいなものがあったのでしょう。姉とは年が離れていたので仕方がないのに「何でできないんだろう」と考え、私にもできるはずだと必死になっていました。だから、知らず知らずのうちに負けず嫌いになったのだと思います。

中学1年ぐらいの記憶ですが、高校でバスケットボール部だった一番上の姉と一緒に体力づくりでランニングに出かけていました。足が速かった姉にはいつも置いていかれますが、姉から「ついて来られないのは気持ちの問題だよ」と言われて鍛えられました。

中学1年で初めて全国大会出場が決まった際に、父から「友達をたくさんつくってこいよ」と言われました。恥ずかしがり屋で人見知りだった私にとって、人に声をかけるのはすごく勇気が必要なこと。でも、スケートでしか出逢えない友達には何か特別感があり、仲良くなりたいという気持ちがあったので、頑張って声をかけ、必ず友達をつくって帰ってきました。

メモ帳ぐらいの大きさでファイルできるプロフィール帳というものがあり、名前や趣味、血液型、好きな食べ物などを書いてもらいます。後で手紙を書いたりすることをやっていました。

心を突き動かした長野五輪

小学5年の冬、私の心を突き動かしてくれた大きな出来事がありました。１９９８年2月に行われた長野冬季五輪です。男子５００ｍで金メダルを獲った清水宏保さん（三協精機）と女子５００ｍで銅メダルを獲った岡崎朋美さん（富士急）のレースをテレビで観て、鳥肌が立ちました。身体がゾワゾワした感じです。

特に清水さんには惹《ひ》き込まれました。レースに懸ける集中力がすごく、空気を切り裂いていくような雰囲気。これが究極を求めるアスリートがまとっているオーラなのだと、子ども心に感じたことを覚えています。

学校から帰ってくるとテレビの前に座り、いつもなら近すぎると注意される位置で五輪の中継を観ていました。テレビ画面に入り込み、自分がリンクに立っているような気分でした。そのビデオは擦り切れるまで何回も繰り返して観て、中学生ぐらいの時には本当に擦り切れて観られなくなりました。

スケートを始めた頃から周囲の人たちには「奈緒ちゃん、将来はオリンピック選手だね」と言われました。でも、五輪とはどんなものかを図書館で調べても、なかなかイメージが湧きません。テレビで長野五輪を観戦し、その景色を見たときに五輪の姿がはっきりしました。観客席が埋まり、笛が鳴り響いている。スタート前の静寂から号砲と共に一気に熱気を帯びた空気が広がって、息をのんで見守る人、ありったけの気持ちを声援に乗せる人。今でもあの情景や音を思い出せるぐらいです。

スケートというスポーツで、自分を表現できる場所がこういう舞台なんだと。すごく面白そうで、ワクワクしました。「私も将来は五輪に出たいな」ではなく、「五輪という舞台で滑っているんだろうな」と、勝手な思い込みを頭の中に焼き付けていました。

ちなみに、私の通っていた豊平小学校では白馬村のジャンプ会場に行って競技を生で観戦しましたが、遠くから観ていたので飛んでいく選手の姿は豆粒ぐらい。自分で作ったフィンランドの国旗を振って応援しましたが、飛んだ人がどこの国の選手かも分からず、雪道を歩いた記憶の方が強く残っています。

清水さんや岡崎さんのレースは、長野五輪前から県内で全日本の大会がある時には

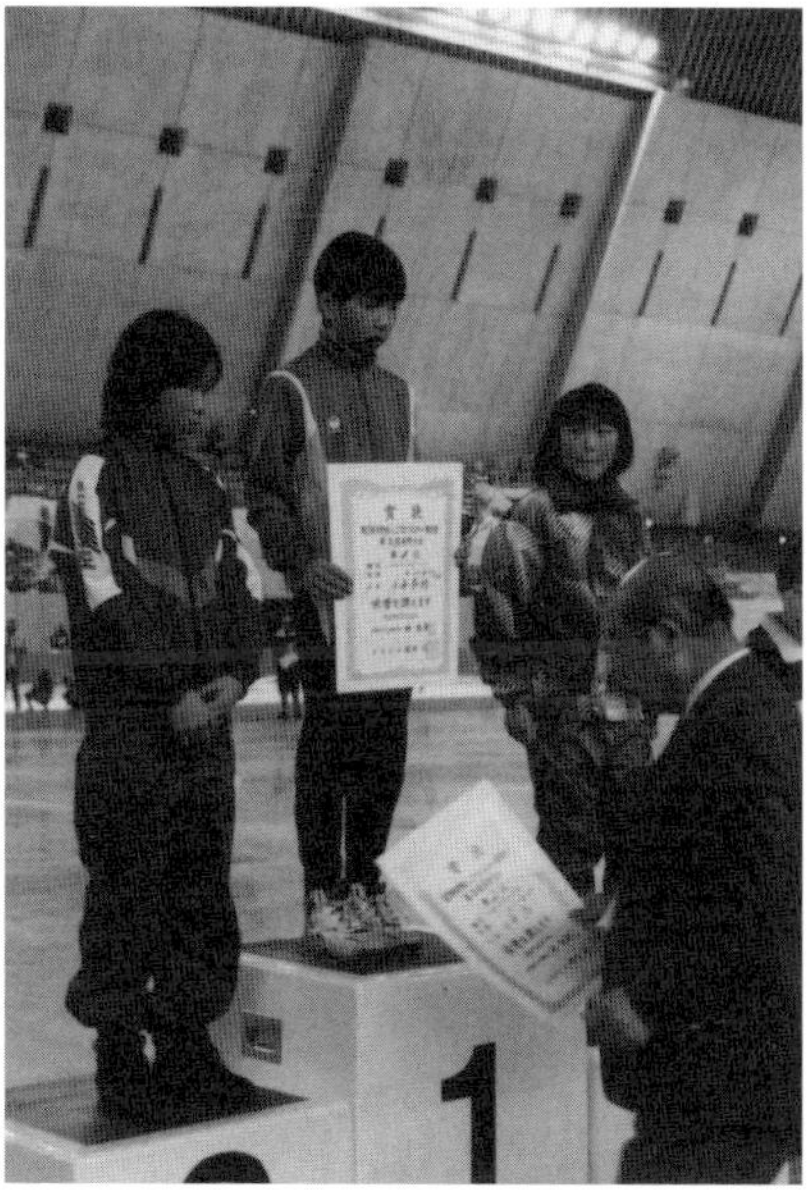

長野五輪の前年、長野市エムウェーブで開かれた
県ジュニア競技会で表彰台に　=1997年2月

必ず観に行きました。長野五輪の前や後には清水さんや岡崎さんの特集もテレビでやっていましたが、深夜の番組でも必ず自分の指でボタンを押して録画しないと気が済まない。録画予約にしておくと、失敗するのではないかと不安だったからです。

五輪後は山梨県で行われた岡崎さんの講演会も聴きに行き、サインをいただきました。１人では行けなかったので、母と一緒に控室まで行ってお願いしました。その後も大会のたびに観客席などで岡崎さんを見つけてはサインをいただいていたので、名前を覚えられてしまったぐらいです。中学や高校時代も、手袋やノートにサインをいただいていたと思います。

清水さんのサインも欲しかったのですが、清水さんはそういうものを一切寄せ付けない雰囲気でした。試合の時にリンクの周りを歩いている清水さんにサインを求めている子もいましたが、私は雰囲気を察して離れた所から眺めることしかできませんでした。それこそ、２０１８年の平昌五輪の少し前に清水さんから取材を受け、その時に初めて直接サインしていただきました。

小学生の頃　父と学んだスケート

長野五輪で清水さんや岡崎さんに憧れましたが、当時、スケートのフォームで参考にしていたのは、1994年リレハンメル五輪の男子500mで銅メダルを獲った堀井学さんです。腕を大きく振って身体を大きく使った滑りが印象的でした。

小学生は脚の回転数を多くして滑る選手が多い中で、私は堀井さんのように滑ってみたいと思い、小学生なのにゆっくりした動きのスケーティングをしていた記憶があります。

小学生の頃、腕をしっかり振れなかったことが、父が見つけてくれた私の課題の一つです。脚の動きを意識すると腕振りが小さくなり、腕の振りを意識すると脚の動きが悪くなる。大会を見に行った時に、堀井さんにウエアの腕の部分にサインをしていただいたことがありました。そうしたら力が湧いてくる感じがして、腕を大きく振れるようになりました。

小学6年の時、「6年生を送る会」で父と記念撮影
＝1998年3月

Chapter 1.

—

求　道

1996年、長野市にエムウェーブが完成してから、エムウェーブで行われる開幕戦の全日本距離別選手権は毎年観に行きました。いつもスタート位置に近い席に座り、選手がスタートに着くまでにどんな練習をしているのかを観察してノートに書いていました。

速い選手のスタートを勉強したかったので、父にビデオ撮影をお願いして、家に帰ってからビデオを何回も観ました。スタートは、やはり清水さんを参考にするのですが、どうしても真似《まね》できません。肩に力が入り過ぎるので、脱力してやってみましたが、結局、自己流で終わりました。

小学校の高学年の頃には毎晩、腹筋30回、背筋30回、腕立て10回、スケートの練習で行うワンステップジャンプ30回をセットにして、それを3セットやっていました。

その頃、父の体重が増えていたこともあり、朝6時ぐらいから一緒に走るようになりました。ウサギさんコースとカメさんコースがあり、やる気がある時は距離が長めのカメさんコース、今日はあまり頑張れないと思った時は距離が短いウサギさんコースを走ります。父のダイエットに付き合っていたのか、私の体力づくりでやっていたのかはよく分かりませんが、雨が降った日以外は、やる気のない時でも毎日走っていました。

小学校のマラソン大会では上位に入っていましたが、走るのはあまり得意ではありません。運動会ではリレーの選手で、陸上の大会にも出場しましたが、走り幅跳びやソフトボール投げをやっていました。

初めてスケート靴を買ってもらったのが小学5年の時。それまではずっと姉のお下がりでしたが、ブレード（刃）が踵《かかと》部分から離れる新しいタイプのスラップスケートが小学生にも普及してきたからです。新しいスケート靴を履けた時は嬉しかったです。

小学生の時に一番良かったと思うことは、教えられなかったことです。父はスケートに詳しくなかったので、ああしろ、こうしろとは言わなかったですし、競技成績に関して評価されたことは一度もありません。

2人で、ああでもない、こうでもないと対話し、試行錯誤をしながら練習をして、創りあげていく時間がとても愉《たの》しかったです。2人でやりとりをしながらスケートを学んでいく中で、追究することは面白いことだと知ることができました。

中学の部活動と宮田のクラブを掛け持ち

茅野北部中学校に入学してからはスケート一本に絞り、本格的に力を入れて頑張りました。練習は中学の部活動と、新谷《しんや》純夫さんが教えている宮田《みやだ》スケートクラブ（上伊那郡宮田村）との掛け持ちです。

小学生の時、私より三つ年上で５００ｍで速い選手が宮田クラブにいて、速くなれる何かがそこにあるのではないかと感じていました。宮田クラブの選手が茅野市のリンクに来て練習したことがあり、その時に一緒に滑らせてもらい、中学生になったら宮田クラブでやってみたいと思うようになりました。

コーチの新谷さんは小学校の先生。私より七つ年上になる娘さんの志保美さんは中学時代から活躍し、２０１０年のバンクーバー五輪に出場しています。

部活動とクラブの二つの掛け持ちは大変でした。夏場は部活で走ったりした後、家に帰ってから母が運転する車で宮田村まで向かいます。母のおにぎりを車の中で食べ、夜7時半から9時まで練習して、茅野に戻ってくる生活。夏休みの間は電車通い。茅野から中央線で岡谷に行き、飯田線に乗り換えて宮田まで行きました。

氷上で練習する冬は、茅野のリンクで部活の練習をした後、母に車で茅野駅まで送ってもらいます。電車で岡谷に行き、駅から岡谷市やまびこ国際スケートセンターへは宮田クラブの保護者の方に迎えに来ていただくか、タクシーを使っていました。1日に二つのリンクで滑っていたので、練習量は多かったはずです。

宮田クラブで練習をしたいと言った時、両親は賛成してくれましたが、送り迎えは大変だったと思います。母の運転で茅野市から宮田村まで、国道152号で杖突《つえつき》峠を越えて1時間半。練習が終わるまで待っていてもらい、そこからまた1時間半の運転です。

節約するため、高速道路を使った記憶はありません。小学生の頃、長野市エムウェーブが完成するまでは、長野市にあった屋内の長野スケートセンターが県内で一番早くオープンするので、休日は父の運転で白樺湖から上田に抜けていく下道で練習に通いました。車のダッシュボードにはノートが入っていて、走行距離とガソリンを何リットル給油したかをメモするのが私の役目でした。金銭面でも大変だったと思います。

新谷コーチは情熱的で、クラブの練習は厳しかったです。夏は1周200mぐらいのローラースケート場を100周ぐらい滑っていたのではないでしょうか。とにかく練習量が多かったという記憶です。部活で練習して疲れていた後だったので、余計に厳しく感じたのかもしれません。

宮田村から帰る車の中では寝てしまうこともありましたが、移動の時が母と一番長く対話した時間でした。練習で叱られ、どこにもやり場のなかった気持ちを吐き出したり、学校であったことを話したりしていました。

冬が近づくと、練習帰りに車の窓を全開にして「スケートの匂いがする」と言ったことを覚えています。母は「この子は何でもスケートに結び付けるんだ。本当にスケートが好きなんだな」と感じたそうです。

当時は疲れたなと考える暇もなく、がむしゃらに練習をしていました。友達と遊びたいと思う余裕もなかったです。学校の宿題をやるのはほとんど朝で、ぎりぎり間に合うかどうかでした。

今思い返しても、凄《すさ》まじいスケジュールを過ごしていたと思います。ただ、両親も応援してくれていましたし、しっかりと支えてくれていたので、一生懸命に頑張れたと思います。やらされているという感覚は全くなかったです。

中学1年の時の全国中学大会は長野市エムウェーブで開かれ、500mで4位になりました。その頃から滑っている時に前へ進むようになってきたと感じることが多くなり、厳しい練習をやってきた分だけ強くなっている実感がありました。

中学2年で全日本ジュニア優勝

2001年1月に地元の茅野市国際スケートセンターで行われた全日本ジュニア選手権は、私が大きく飛躍するきっかけとなった大会です。当時中学2年だった私は、2日間で500mと1000mを計4本滑るスプリント部門に出場し、総合優勝してしまいました。「こんなことが本当に起こるんだな」と驚きました。

中学生が全日本ジュニア選手権で優勝したのは初めてとのこと。表彰台に上がったものの喜び方が全然分かりません。高校生のすごい選手たちがいる中で、下を向いた

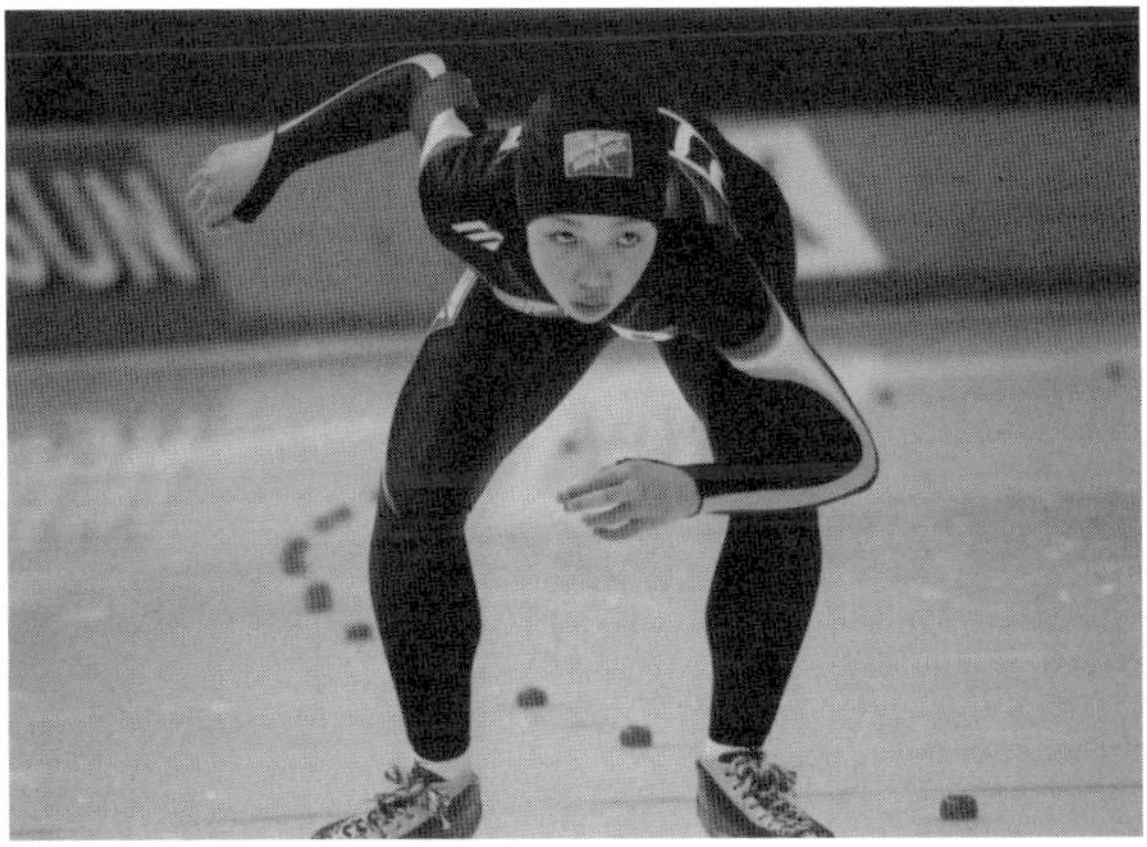

カルガリーの五輪オーバルファイナルに出場し、
初めて「JAPAN」のユニフォームを着る。500mで中学新記録をマーク
＝2001年3月

まま賞状をもらっていました。たまたま地元で行われたので出場した大会でした。なので、中学3年の全日本ジュニア選手権には出場していません。

全日本ジュニア選手権での優勝で、3月にカルガリーで行われる五輪オーバルファイナルに派遣してもらえることが決まりました。その時に初めて「JAPAN」のユニフォームに袖を通しました。タグの所を見たら他の選手の名前が入っていたので新しいものではなかったと思いますが、それでもとても嬉しかったです。

500mでは39秒59の中学新記録を出すことができました。世界で最も記録が出ると言われていたカルガリーのリンクを14歳の時に初めて滑り、一気に世界が広がりました。

レース前は、英語のアナウンスに耳を傾け、今は何組目が滑っているかが気になって緊張していたことを覚えています。500mで同走した社会人の選手が、私のことをとてもかわいがってくれました。「コーナーはどうやって滑ったらいいんですか」などといろいろなことを質問し、教えていただきました。

高校生でトップ選手だった吉井小百合さん（東海大三高）とホテルの部屋が同じで、いろいろな所に一緒に付いていくような感じでした。宮田クラブの新谷コーチは帯同していなかったので、周囲の大人の方たちにいろいろと聞いたり、助けていただいたりしたことが、とても良い経験になりました。

全日本ジュニア選手権で優勝したことで、中学3年のシーズンは全日本距離別選手権や全日本スプリント選手権の出場権を得ることもできました。

いつも観客席から観ていた大会だったのに、中学3年の私がトップ選手たちと一緒にリンクに立っているのが不思議な気持ちでした。憧れの選手たちを目で追い、落ち着きなくキョロキョロしていたら、新谷コーチから叱られた記憶があります。遠くから観てきた選手が近くにいる。それだけでワクワクしました。

そのシーズンは中学の大会で負けたことはなく、全国中学大会は500mと1000mで優勝しました。しかし達成感のようなものはありませんでした。当時は大会新記録を目指していて、そこに届かなかったからです。

全国中学大会やインターハイで優勝できても、その先で活躍できる選手にならないと意味がないと、ずっと心に留めていました。常に、どうやったら成長していけるのかを考えていたと思います。

伊那西高校に進学　コーチの家で下宿生活

中学3年の進路相談の時です。私は高校の話を飛び越えて信州大学に行きたいと担任の先生に話しました。

長野五輪の後、NHKでスケート教室の番組があり、そこで教えていたのが信州大の結城匡啓《まさひろ》先生。長野五輪で金メダルを獲った清水宏保さんの特集をテレビで観た時も結城先生が出演していました。

どうやらスケートに詳しい人が信州大学にいるようだと知りました。こういう動作をすれば、こうやってスケートが進むといった科学的な教え方をする人をテレビで初めて観て、今まで知りたかった何かがそこにあると感じました。実際、信州大学に入学した選手が別人のように伸びていく姿も見ていました。

それと同時に、私は中学校の体育の先生になりたいという夢を持っていました。その両方がかなえられる場所が信州大学だと思ったからです。

高校進学の話に戻すと、諏訪地方の公立高校がいいのか、それとも結城先生が長野市にいるので、思い切って長野市内の高校へ進もうか、などといろいろ考えました。最終的には、中学の時から練習している宮田クラブで、新谷コーチに高校でも教えていただく道を選択しました。

選んだのは私立の伊那西高校で、進学コースに入りました。伊那西高校は伊那市南部の西春近《にしはるちか》にあり、隣の上伊那郡宮田村に新谷コーチの家があります。1年の時はそこに下宿させていただき、自転車で高校に通うことにしました。

伊那西高校にはスケート部がありませんでしたが、当時の校長先生に相談してご理解をいただき、活動するための方法を考えていただきました。

ただ、部員が6人集まらないと部はつくれないということだったので、同好会という形でスタートすることになりました。部員は同じ宮田クラブで練習している武井陽子さんと私、同じクラスでマネージャーになってくれた人を含めて3人でした。

入学してすぐにユニフォームを作っていただき、同好会の部屋も用意していただきました。とてもありがたかったです。しかし部員は4人までしか増えなかったので、私が在籍した3年間は同好会のままでした。

新谷コーチの家では一部屋をお借りして生活し、食事は先生の奥様が作ってくださっていました。学校で朝練習をしてから授業を受け、放課後も学校で練習。新谷コーチが学校での練習メニューを作り、時間がある時は高校に来て練習を指導してくださっていました。

新谷コーチの家に戻って夕食を食べ、夜7時半から9時までは宮田クラブの練習。クラブの練習には中学生や他の高校に通う選手も集まってきます。中学時代は部活が終わって茅野市から宮田村まで通っていたので、その移動時間がなくなり、とても楽になりました。しかし、3部練習。本当によくやっていたと思います。

身体が疲れ過ぎていたので、何とかしたいと思っていました。筋肉を使うと疲れるから骨だけで動けないかと考えたこともあります。骨に乗っていれば筋肉を使わないから疲れないのではないかと。でも筋肉は骨に付いているので、結局筋肉は使われて疲れるかな……など、いろいろと考えながら、どうすれば効率良く体を使えるかを考えるようになっていったと思います。

高校2年で始めた一人暮らし

高校での学校生活は心身ともに充実していました。一緒にいるだけで笑わせてくれる友達がたくさんいて、心休まる場所でした。先生もフレンドリー。練習で身体はクタクタですが、学校へ行くと、日光を浴びているような温かい感じになれました。

松本から毎日通っていた新体操部の友達は、食事管理もしながら一生懸命に練習していました。私と同じように頑張っている友達がいたことは心強く感じました。

スケートという居場所の他に、学校という居場所があって本当に良かったと思います。授業や友だちと過ごす時間の中で、心のスペースをつくることができました。

高校1年目のシーズンは順調だったと思います。インターハイは500mで2位になり、優勝した3年の吉井小百合さんと表彰台に立ちました。しかし緊張していたのか、笑顔を作ることができなかったみたいです。表彰台は大勢の人に注目されるので、あまり得意ではなく、どうやって喜んでいいか分かりませんでした。

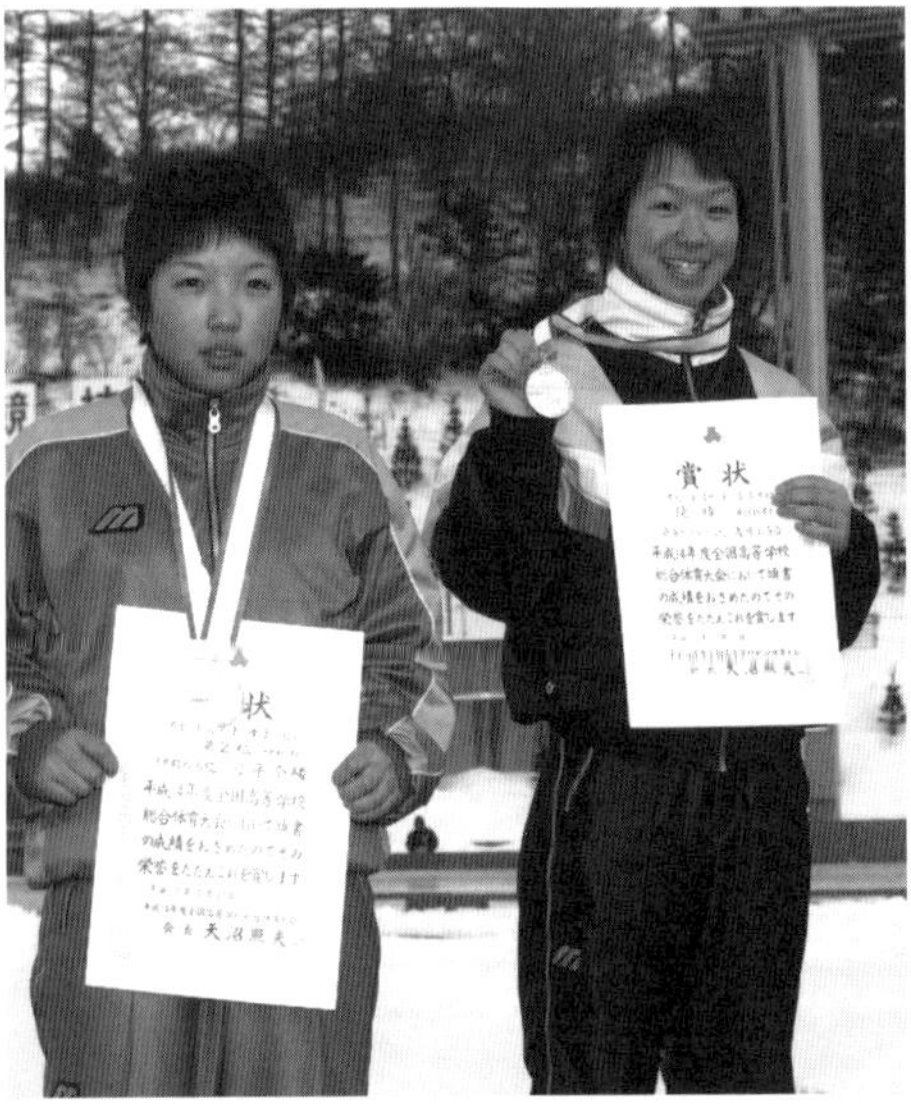

高校1年のインターハイ女子500mで2位に。
優勝した吉井小百合さん（右）の隣で緊張の表情
＝2003年1月21日、群馬県渋川市

1年で2位は好結果かもしれません。しかし私は通過点としか考えていなかったので、まだまだという気持ちでした。将来、五輪に出場する選手になることをイメージした時に、まだ未熟だなと。常に「まだまだ」という問いかけが自分自身の中にありました。あくまでも高校生の大会でしかない。どんなに結果を出しても、まだ上のレベルで戦えているわけではないという思いでした。

高校2年のシーズンは結果が出ずに苦労しました。シーズンに入る直前の秋に一人暮らしを始めましたが、それも原因の一つだったと思います。

下宿をしていた新谷コーチの家では、私なりに気を遣っていましたし、練習と生活が一緒だと、息抜きがしづらかったのです。そこで、学校の近くにアパートを借り、環境を変えてみました。しかし自分自身で生活をコントロールするのはとても大変でした。

6畳1Kのアパートに引っ越し、初めて作った食事はカレーライス。それが3日ぐらい続いたのは苦い思い出です。コンロが1口しかなくて、電子レンジで調理しておかずを作る方法をかなり覚えました。お昼の弁当をなるべく作るようにしていましたが、毎日作れるだけの要領の良さもなく、買っていくこともありました。

身体が成長して変化していく時期でもあり、体重が増えてしまいました。売店のパンをお昼代わりにしたり、ストレスがあると甘いものに手が伸びてしまったこともありました。

アパートに戻ってすぐに食べられる物となると、どうしてもスーパーマーケットなどに売っている脂質や糖質の割合が多いおかずになってしまいます。本当に疲れている時は、食べずに寝てしまうこともありました。頑張ってはいるものの、自分の生活をうまく確立できませんでした。精神的な余裕もなかったと思います。

人生で一番緊張した信州大学の入試

高校1年のインターハイで2位になることができたので、2年の時は優勝を期待してくれる人もいたと思います。しかし県大会で勝つこともできず、インターハイは500mが5位、1000mが8位。気持ちがスケートに追い付いていかない感じもあってスランプに陥ってしまいました。うまくいかないことに悩み、もがいた1年でした。

スケートと並行しながら、信州大学の入試に向けた勉強もしっかり取り組んでいました。私は推薦入試を受けるつもりだったので、まずは評定平均値が大事。そのためには毎回のテストの点数を良くする必要があります。家に帰ってからは勉強する時間をあまりつくることができなかったので、とにかく授業に集中しました。

入試は実技と集団討論。集団討論では自分の意見をしっかり持たないといけないので、小論文の勉強をたくさんしました。自分の意見に説得力を持たせて伝えるベースを作るのは小論文がいいと思ったからです。

これまでの人生で一番緊張したのが、２００4年11月末に行われた信州大学の入試です。前日の夜は緊張のために寝ることができず、食べたものを全て吐いてしまったほどでした。当日はフラフラした状態で試験に臨みました。

受験したのは教育学部の生涯スポーツ課程地域スポーツ専攻。午前の実技はスケートを選択し、長野市エムウェーブで滑りましたが、何を評価されるのかが分からない。丁寧に滑った方がいいのか、速く滑った方がいいのか。いろいろ考えながら滑っているうちに終わってしまいました。

午後の集団討論は最後のグループだったので、緊張を夕方まで引きずることになりました。手応えはなかったです。正確には覚えていませんが、倍率も高かったので、合格するか、しないかの瀬戸際だったと思います。

入試の実技の時に初めて結城先生を見かけました。私が受けた専攻とは違う専攻の担当だったので、私が受験した専攻の合否のジャッジには関わっていなかったはずです。

翌日は札幌市に行くことになっていました。真駒内選抜競技会に出場するためです。試験を終えてから東京に移動して宿泊。大会には1人で行くことになっていて、翌朝、空港の搭乗口に入ろうと思ったら結城先生がいました。便も同じ。「昨日はお疲れさまでした」というような挨拶《あいさつ》をした覚えがあります。

新千歳空港に着き、真駒内のリンクへバスで行こうと思ってウロウロしていると、結城先生から「どうやって行くんだ」と声をかけていただきました。「レンタカーを借りてあるから一緒に乗っていかないか」と誘っていただけたので「お願いします」と言いました。

結城先生からは「得意な練習は何？」などと聞かれましたが、私は大学に合格したのか不合格だったのかが気になって仕方ありません。しかしそのようなことは聞けずに、ドキドキしたまま車に乗っていました。

年内に大学の合格が発表になり、年明けから本格化した高校最後のシーズンは進路に対する不安がなくなり、大会に向けて準備できたと思います。全日本ジュニア選手権のスプリント部門で総合優勝し、インターハイは５００ｍと１０００ｍの2冠を達成することができました。しかし、自分でもびっくりするほど大会の記憶がありません。

気持ちは既に大学生活に向いていました。大会に行って北海道の友達と会ったり、大学の先輩たちにかわいがってもらったりしたことが、記憶に残っています。

先生からの最初の言葉は「下手だな」

スケートの知識を渇望していた私は2005年4月、信州大学に入学しました。中学生の頃から教えていただきたいと思っていた結城先生は、スケートの動きを科学的に分析する研究者で、1999年から信州大学の氷上競技部監督として選手を指導しています。

1998年の長野五輪では日本スケート連盟の強化スタッフとして選手の活躍を支え、同五輪後は金メダリストの清水宏保さんのコーチになって世界記録更新などに導きました。現役時代はW杯の500mで3位にもなっています。

結城先生からどんなことを学べるのだろうか。希望に満ちた春を迎えました。

大学の1年目は松本市のキャンパスで学び、教育学部のある長野市の長野キャンパスに移るのは2年目から。松本での入学式の後、氷上競技部に入る新入生とその保護者が集まり、結城先生も出席しての食事会がありました。その翌週に長野市に行き、先輩たちと顔を合わせました。

私はなるべく先輩たちと一緒に練習をしたかったので、週の真ん中ぐらいに午前中だけしか授業を入れない日をつくり、午後は長野市まで通って練習をしました。週末は泊まりがけで長野市に滞在して練習です。金曜日に入れる授業は午前だけにして、午後は先輩たちと合流しました。

長野では先輩のアパートに宿泊させていただきながら練習に励みました。学生生活を送りながら、生活面でどのような食事の工夫をしているかなどを先輩の姿を見て学びました。

大学での練習が始まったばかりの時です。陸上でスケートの動きを取り入れる基礎的な練習で、結城先生から最初に言われたのが「動き、下手だな」という言葉。「動きを変えないと、この先はないぞ」と。

私はたぶん、その言葉を待っていたのだと思います。自分でも感じていたことなので、その瞬間に「どこを変えればいいですか」と質問して、喜んでいる自分がいました。高校時代に結果を残してきたからといっても、プライドは全くなかったのです。

大学の先輩たちの練習を見ていると一人一人が意識していることが、動きの中で感じ取れる、そんな集団でした。何もかもが新しい世界で、最初は先輩たちの動きを見よう見まねでやってみるという感じで入っていきました。

当時は「結城理論」という座学があり、スケートの基礎や意識の方向性などを教わりました。学生同士で議論を交わす「技術討論会」では、最初のうちは自分の感覚を言葉にする力がありませんでしたが、先輩たちと言葉を編んでいく中で自分の言葉が徐々に生まれてきました。

他の選手の感覚を知ることで、自分の感覚も変わってくる。チーム内に知の流れが起こり、とても面白い世界だなと感じました。そこからはスケートにどっぷりとはまる状態になりました。その頃からリンクでも話ができるようになり、少しずつ笑うようになってきたと思います。

高校時代はとにかくがむしゃらに練習し、練習にしか自信を求められるものがなかったのです。悩んでいた時期もありましたし、スランプも経験しましたが、大学に入って全部洗い流された感じです。純粋にスケートを知ることが愉しいと思えるようになりました。

大学2年目でW杯デビュー

大学1年目のシーズンは環境が変わり、靴などの道具も変え、自分の中では良い方向に変化していると感じていました。ただ、なかなかタイムには結び付きませんでした。

それでも2006年に入り、シーズン終盤のエムウェーブ競技会で1500mを滑ってみると、思ったよりも良いタイムを出せました。春から取り組んできた動きがうまく結び付いてきたと感じるようになりました。

その後、3月に出場したカルガリーでの五輪オーバルファイナルで、2月のトリノ五輪でメダルを五つ獲ったシンディ・クラッセン（カナダ）が1000mの世界新記録を出しました。そのレースを目の当たりにして、来年は世界で戦いたいという気持ちが強くなりました。春からの練習で自分が何をやればいいのかも明確になり、そこからかなり変化していきました。

大学2年になって長野キャンパスに移ると、松本から長野への移動がなくなった分、授業にも練習にも集中できるようになりました。ただ、2年になっても、結城先生からは「下手だ」と言われ続けていました。動きのタイミングや重心の位置が悪く、効率の良い動きではありません。力任せで頑張ろ部分がどうしてもあり、上半身をうまく使えていないなど根本的に足りていない体力がありました。

一つ一つの課題に向き合いながら迎えた10月の全日本距離別選手権は、1000mで優勝することができました。国内のトップ選手が揃《そろ》うシニアの大会で勝てたのは初めてです。表彰台に上がった時、隣の吉井小百合さん（日本電産サンキョー）から「会場の人に手を振るんだよ」と腕を持ち上げられた記憶があります。

500mでも3位に入り、初めてワールドカップ（W杯）の代表に選ばれました。岡崎朋美さん、大菅《おおすが》小百合さん（日本電産サンキョー）、吉井さんら当時の大先輩と一緒の海外遠征です。W杯は、開幕戦の成績によってAクラスとBクラスに分かれ、その後もレースごとにクラスの入れ替えがあります。

日本代表なのに、Bクラスになったらどうしようと考え、大会前はすごく緊張していたことを覚えています。そのような時に岡崎さんから「結果を残すのは私たちに任

大学2年の全日本距離別選手権女子1000mで初優勝。表彰台で2位の吉井小百合さん（左）に腕を持ち上げられる。右は3位の田畑真紀さん
＝2006年10月29日、長野市エムウェーブ

せて、W杯デビュー戦なんだから伸び伸び滑りなさい」と言っていただき、気持ちがすごく楽になりました。

11月10日のW杯デビュー戦はオランダのヘーレンフェーンで開催。最初の500mでオランダ選手と同走し、大歓声に圧倒されました。

スタートしたら、いつもはスラップスケートの「カチャ、カチャ」という音が聞こえてきます。踵部分から離れたブレード（刃）がバネで戻る時の音です。それが大歓声にかき消され、刃が氷に着いているのか分からない。日本の静かなリンクでレースをすることが多かったので、すごく戸惑いました。同時に、オランダはスケートが文化として根付いている国なのだと実感し、愉しい気持ちになりました。結果は11位でした。

このレースで優勝したのがサンファ（李相花＝韓国）でした。彼女とは後に親友になりますが、当時はまだサンファのことをよく知りませんでした。中学2年の時に日韓ジュニア競技会に一緒に出場していますが、彼女は小学6年。大会は小学生部門と中学生部門に分かれていたので接点がなかったからです。しかし、プログラムに自己ベストが書いてあり、中学生より速い子がいると思ったので、名前は覚えていました。

W杯のベルリン大会、ハルビン大会を転戦し、12月9日に地元のエムウェーブで長野大会が始まりました。初日の500mは日本人トップの4位になり、1000mは3位に入ってW杯初の表彰台。しかし1000mには開幕戦を制したフリージンガー（ドイツ）ら速い選手が何人か出場していませんでした。運が良かっただけで、記録もそれほど良かったわけではない。「え、私が表彰台に立てるの」といった感覚でした。

シーズン最後には、W杯の獲得ポイントによって出場が決まる世界距離別選手権に初めて出場し、1000mで13位でした。

大学2年目は、いろいろなことが結果に結びつき始め、飛躍のシーズンになったと思います。初めて世界を体感することができ、自分の立ち位置を把握することができました。

教育実習も経験　充実していた大学3年

大学3年になると教育実習があります。毎年6月は次のシーズンに向けて基礎体力をしっかり付ける時期。しかし、その1ヵ月間は母校の茅野北部中学校で教育実習があり、体育の授業を行っていました。

ほとんどの学生が信州大学教育学部の附属中学校に行きますが、その年は定員をオーバーした6人が附属中学校以外に行くことになり、そのうちの1人が私でした。附属中学校で実習した人たちと比べると、私が受け持った授業数は多く、実践、実践という感じでした。教育実習生ではないぐらい授業をやっていたと思います。

その間、練習はできる限りのことをやりました。学校が終わると、小学生の時に通っていたスイミングクラブに行き、その一角にあるウエイトトレーニングができるジムを使わせていただきました。通常より量や回数を落とした練習メニューを結城先生が考えてくださり、やれる範囲で取り組みました。

教育実習が終わった後も、たくさんの授業を受講していたので充実した1年でした。4年の時は卒業論文を軸にして、授業は少なくしたかったので、3年で取れる単位はほとんど取っておこうと思っていたからです。

スケートと授業を両立させていたので生活の密度はすごく濃かったです。練習だけではなく、食事を準備したり、身体のケアも必要です。食事は、高校時代に一人暮らしをしていた時の大失敗があったので、外食はせずに自炊をしていました。

1日をスケジューリングしてみると、分刻みでした。授業の空き時間に買い出しに行けるとか、この隙間の時間だったら灯油を買いに行けるとか。1日24時間を最大限、有意義に使うためにいまどう動くのがいいのかを考えていたので、頭は成長しました。時間の使い方は大学時代に実践的に身に付けたスキルです。

そういえば、長野市でW杯が開かれた時は、レース前日の金曜日に、選手の宿舎になっていた市内のホテルから歩いて大学まで行き、授業を受けたこともありました。

教育実習を含めて学業が充実していたこともあって、大学3年目のシーズンは苦労しました。結果についてはあまり覚えていません。W杯の女子500mで日本選手はほぼ全員がAクラスで滑っているのに、私はBクラスで滑っていたこともありました。

信州大学氷上競技部のチームメイト。
後列左端が結城匡啓監督、同右から2人目が私

Chapter 1.

—

求　道

それでも少しずつ状態が良くなってきて、シーズン最後に地元の長野市エムウェーブで行われる世界距離別選手権の出場権を獲得しました。しかし、500mの1回目（当時は2回滑走して合計タイムで競う）で、スケート靴のブレードの溶接が壊れてしまい、2回目は棄権しました。

結果が悪くて長く落ち込むことはないですが、挑戦できなかったことに対しては気持ちがへこみました。誰が悪いわけでもないので、気持ちのやり場が分かりませんでした。コテンパンに負けても、再びチャレンジできた方がまだスッキリするのですが。

このレースを観に来ていた祖母が「お願いだから、奈緒に壊れないスケートを買ってやってください」と結城先生に言ったそうです。翌日の1000mは、以前使っていたブレードで滑りました。

卒論では1000mの滑り方を研究

大学4年時は卒業論文に多くの時間を費やしました。取り組んだテーマは「スピードスケート女子1000mにおける世界一流選手の優れたカーブ滑走動作の特徴」。大学3年で出場した世界距離別選手権は1000mで12位。上位群と下位群を分けると、私は下位群。上位の選手にはどのような共通点があり、私を含めた下位の選手はどのようなところに課題があるのかを、映像を使って3次元の動作分析をしました。

1000mは技術的な巧みさが求められる種目。第2カーブは、スタートしてからトップスピードに乗った状態で入ります。第2カーブ入り口を効率よくスムーズに滑れるかどうかで、その後もスピードに乗れるか乗れないかが決まる重要な部分です。

カーブ入り口の1歩目から5歩目ぐらいまでの動きを分析し、重心の位置を出したり、足首や膝、股関節など各部分の角度を出したりしました。速い選手には必ず同じ傾向があり、特に重心の位置が私とは全然違っていました。

2014年のソチ五輪までは、速い選手と同じような動きに直そうと思って努力していましたが、結局理想の動きはできませんでした。

しかし、そこで終わりませんでした。身体が整ってきて、ソチ五輪が終わってオランダ留学から帰ってきた後、身体の機能や動きを改善していたら、結果的に卒論で分析した上位群の特長を掴《つか》んだ滑りになっていました。銀メダルを獲った2018年平昌五輪の1000mがそれに当てはまりました。だから卒論は、その後のスケーティングにつながる研究になりました。

学生最後のシーズンは開幕戦となった全日本距離別選手権の1500mで、初めて優勝することができました。500mと1000mはともに2位でした。

私は体力的に1000mや1500mに向いているタイプ。大学に入学して結城先生に1500mもやりたいと話したら「まだ早い」と言われました。500mや1000mでしっかり基本を身につけてから挑戦すればいいのではないかという感じです。

その後、大学1年の最後にエムウェーブ競技会で1500mに出場し、だいぶ滑れるようになってきたため、大学2年から挑戦するようになりました。

１５００ｍはシンディ・クラッセンの滑りを観てから大好きになった種目でもあります。当時の憧れの選手はシンディでした。２００６年トリノ五輪で五つのメダル（金1、銀2、銅2）を獲ったことが理由ではなく、人間性が素晴らしいアスリートとはこういう人のことなのだと、初めて感じ取ることができた選手だったからです。

例えば、私が拙《つたな》い英語でシンディに質問を投げかけた時に、長身のシンディは私の目線の高さに合わせて一生懸命に聞いてくれました。そして分かるようにゆっくりした口調で、簡単な英語で説明してくれました。勝っても偉ぶることがなく、常にライバルに敬意を払う人でした。黙々と自分の目標に向かっている雰囲気が好きで、その姿に憧れました。

大学時代はシンディの１０００ｍと１５００ｍのレース映像をよく観ていました。シンディの滑りは刻むリズムが心地良く、眠る前に見ているとリズムに包まれて良く眠れるのです。映像を身体に染み込ませ、寝ている間にシンディと滑っているような感覚です。まるで睡眠学習のようでした。

所属先が決まらないまま卒業へ

大学最後のシーズンは11月のW杯ヘーレンフェーン大会の500mの第2コーナーでで転び、足からマットに衝突して左足首を捻挫しました。それから1ヵ月ぐらいはスケート靴を履いていません。正確に言えば、履きたくても履けない状態でした。結城先生に「スケート靴を見るから、ちょっと貸して」と言われて渡したら、私の手元にない状態になりました。ここで無理をせず、しっかり治療しなさいという結城先生の配慮でした。

捻挫の影響で年末の全日本スプリント選手権は振るわず、後半戦の海外遠征メンバーから外れてしまいました。時間があったので、インターハイか全日本ジュニア選手権を観に行った記憶があります。

それでも2月に中国ハルビンで行われたユニバーシアード大会に出場し、1500mは大会新で優勝。悔しさの残るシーズンでしたが、ユニバーシアード大会での活躍で、ぎりぎりつなぎ留めた感じはありました。

1月のインカレ（全日本学生選手権大会）にも出場しています。大学4年間は個人レースの2種目で優勝し、リレーとチームパシュート（団体追い抜き）を含めた4種目を全て滑りました。学校対抗なので、得点を取るために500mと1000mを滑った年もあれば、500mと1500mに出場した年もありました。

いろいろなことを教えてくださった先輩方や、一緒に汗を流してきた仲間たちと力を合わせて戦い、皆で喜び合えるのがインカレ。出場種目が多くて大変でしたが、最後のチームパシュートのレース前、先輩が私の疲れを取り除くために脚を振ってくれたのが、嬉しい思い出です。私の中では大事な大会の一つでした。

大学で4年間教えていただいた結城先生は、自分自身で気付くための種をまいてくれるような教え方でした。選手一人一人に対してその時必要なヒントや機会を与えてくれて、芽吹かせるのは選手自身という感じです。

できていることに対しては、正直にできていると言ってくれて、できていないことには、できていないと的確に指摘してくれます。自分の中で駄目だったなと思っていた時に、すごく良いタイミングで「今のは良くなかった」「ここができていなかった」

と指摘をいただいたり。逆に良いと感じた時は「今のはできていたぞ」と伝えていただきました。自分の感覚が間違っていなかったことに気付くことができました。

よく結城先生と二人三脚で歩んできたことについて聞かれることがありましたが、二人三脚と思ったことは一度もありません。選手が15人いれば、私は15分の1でした。どうしても強い選手に目が行きがちになる指導者が多い中、結城先生は一人一人に目を行き届かせ、育てるコーチングでした。だから信用できました。

大学卒業後も引き続き結城先生にご指導していただくことが、私の中の絶対条件でした。就職活動は、結城先生が長野県内の大きな企業や、個人的につながりのある会社などに話をしてくださり、私は履歴書を何枚も書いて送りました。

しかし、就職活動をしていた2008年はリーマン・ショックと重なってしまいました。経営が苦しくなって人員削減している企業もあり、アスリートを雇う余裕はなかったと思います。所属先が見つからないまま卒業を迎えました。

Chapter 2. 試練

相澤病院に所属　スケートに集中

２００９年３月、私は信州大学を卒業しました。卒業式の後、卒業生からお世話になった先生方への謝恩会があり、今後の進路を一人一人発表します。しかし氷上競技部の同期４人の中で私だけが就職先が決まっていませんでした。「長野でスケートを続けることは変わらないので、応援よろしくお願いします」と話すのが精いっぱいでした。

大学を卒業して1年目は、バンクーバー五輪が行われる大事なシーズン。このまま独りぼっちでシーズンを迎えるのかと思うと、不安で、とても寂しい気持ちでした。

しかし立ち止まっているわけにはいきません。卒業式を終えると、信州大学を拠点に練習を再開しました。そうしていたら、松本市の相澤病院が採用してくれそうだという話が入ってきました。

4月16日の日付をはっきりと覚えています。相澤病院に伺い、理事長室で相澤孝夫

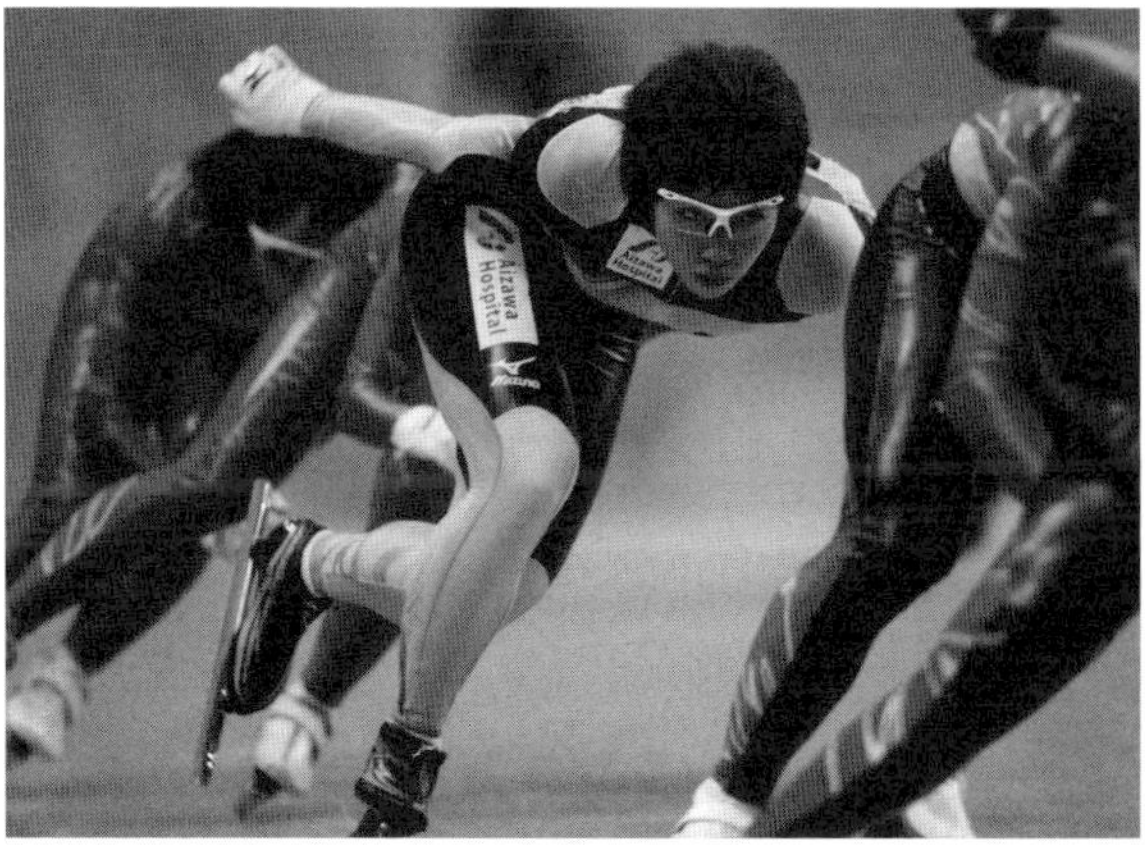

長野市エムウェーブで始まった氷上練習で滑り込む
＝2009年9月24日

理事長と話をして、その日に採用が決まりました。職員の皆さんにも温かく迎えていただき、一気に家族が増えたような気持ちになりました。

きっかけは大学4年のW杯で転倒して足首を捻挫したことです。当時、相澤病院スポーツ障害予防治療センターの村上成道《なるみち》先生に治療していただき、その時に大学卒業後の所属先が決まっていないことを話しました。その後、村上先生が病院の幹部の方を通じて相澤理事長に伝えてくださったということです。

これまで通り長野市を拠点にして、スケートに専念できる環境が整いました。相澤理事長からは「今まで通り、自分のやりたいことに集中してください」と言っていただきました。社会人になったので結果が求められる立場ですが、「五輪でメダルを」というプレッシャーを感じることはありませんでした。

ただ、病院に所属していることの意味を、自分の中でしっかり考えなければいけないと思いました。患者さんや医師、職員の方に対し、私はどんな貢献ができるのだろうか。地域に根差した病院でもあるので、病院を取り囲む地域の人たちにも影響を届けられる存在になれるようにと考えました。

社会人として新しいスタートを切り、最初は「とても時間があるな」と感じました。

授業がなくなった分、練習以外の時間をどうやって過ごしたらいいのか迷うぐらいでした。しかし、練習をしっかり行うためのコンディショニングに充てる時間が重要だと考えた時に、やらなければいけないことがたくさんあることに気付きました。

睡眠や食事の時間、身体のセルフケア……。生活の時間割の中に、そういったものを組み込んでいくと、自分の身体に費やす時間がかなり多くなります。生活のリズムを掴んでからは身体が変わり、心身ともにスケートに集中できるようになりました。

信州大学の学生と一緒に朝練習をした後、午前は自主練習の時もあれば、結城先生の授業の空き時間を使って「特練」という形の1対1で追い込む練習をする時もありました。特練で無理だろうというぐらい追い込んだ後、私が「こういう練習をしたかったんです」と言いながらニコニコしていたそうで、結城先生に驚かれました。

午後は授業を終えた学生と再び練習するので、3部練習をする日が多くなりました。社会人になってスケートに注げる時間が増えたことが愉しくて、ワクワクしていました。

初めての五輪　バンクーバーでご褒美の「銀」

社会人1年目は、開幕戦の全日本距離別選手権で500m、1000m、1500mの3冠を達成しました。500mは初優勝で、3種目とも大会新記録でした。レース後に成長の要因を聞かれて「お昼寝ができるようになったんです。身長も1㎝伸びました」と話した記憶があります。

1日24時間をスケートのために使うことができるようになり、身体のコンディショニングに加えて昼寝する時間を取れるようになったことも大きかったと思います。練習量を増やすことで力が付くのではなく、休む時間を持てることで質の高い練習に結び付けることができます。

バンクーバー五輪シーズンのW杯が開幕し、初戦のベルリン大会は500mで初めて表彰台に上がる3位になり、1000mは2位の好スタートを切りました。12月のソルトレークシティー大会は500mで4位になり37秒50の日本新記録を樹立しました。従来の記録を0秒01更新しましたが、記録を期待していたわけではなかったので驚きました。この大会までに選考基準を満たし、５００ｍと１０００ｍで五輪代表に内定しました。

私にとって初めての五輪となった２０１０年2月のバンクーバー五輪。５００ｍと１０００ｍに加え、代表選考会で2位になった１５００ｍ、さらにチームパシュートにも出場することになりました。

運動会に出るような感じで、夢の舞台で滑っている姿を応援してくれる人たちに見ていただきたい。何のプレッシャーもなく、純粋に大舞台に挑戦する気持ちでした。

会場で本番を迎えた時は、長野五輪をテレビで観た時と同じように鳥肌が立つような感覚がありました。水中にいるというか、夢の中というか、そんな場所に自分がいるような感じです。

しかし初戦の５００ｍは12位。そこで「あれ、何か違うな」と気付きました。たぶん力んでいたのだと思います。挑戦できることにワクワクしていたとはいえ、少し結果を期待していたのかもしれません。五輪は皆が結果を求めて挑むので、その熱にも呑《の》み込まれていたのだと思います。

1000mのウオーミングアップが終わった後、結城先生が現地に応援に来ていた父と母を観客席の中に見つけ、「何か伝えてほしいことはありますか」と聞いてくれました。両親が「私たちはここにいるだけで幸せ。いつも通り伸び伸びと滑る奈緒の姿が見たいだけだから」と言っていたと聞き、それで気持ちが楽になりました。

1000mと1500mは伸び伸びと滑ることができ、2種目とも5位入賞。1000mは3位に0秒08差まで迫り、この種目では1992年アルベールビル五輪の橋本聖子さんと並ぶ日本人最高成績と聞きました。その時のベストを尽くし、すごく良いレースができたと思います。

最後のチームパシュートは、代表に決まるまで、まさか自分が滑るとは思っていなかった種目です。前年の夏に全日本の合宿があり、長距離選手に食らい付いて練習していたのを全日本のコーチが見ていて「小平、パシュートで使えるぞ」という感じになったようです。それからメンバーに入れていただいて練習を始めました。

田畑真紀さん、穂積雅子さん（ともにダイチ）、私の3人で臨みました。準決勝でポーランドに勝ち、メダルが決まって決勝に進出。ドイツとの決勝は、いつも通りに滑り、余計なミスだけはしないように気を付けました。結果は0秒02差の銀メダル。あと少して金メダルだったので、少し悔しい思いが残りました。

チームパシュートは前回のトリノ五輪から始まった種目で、まだ試行錯誤の段階だったと思います。メンバーも即席という感じでした。だから、メダルはご褒美みたいな感覚があり、メダルが決まった瞬間は、どんな気持ちだったかを思い出せません。ただ、３人の実力を最大限引き出す先頭交代や、コースどりなどを工夫して挑んだチームパシュートでの経験は、個人種目にも活かせる貴重な経験になりました。ご褒美に思えたメダルも、多くの人と喜びを分かち合える宝物になりました。

五輪メダルの影響の大きさを実感

初めての五輪は、チームパシュートで銀メダルを獲ったことよりも５００ｍで12位だった結果の方が私には響いていました。良い意味で、もっと強くなりたいと思えた結果でした。

バンクーバー五輪で銀メダルを獲得。
相澤病院で開かれた報告会で職員らに祝福された
＝2010年3月4日

Chapter 2.

試　練

帰国後はたくさんの人から祝福していただき、さまざまな行事にも参加しました。やはり五輪でメダルを獲った影響はすごいなと思いました。しかし、自分が大きく変わったかと言えば、そうでもありません。むしろ周囲からの目に戸惑うことの方が大きかったです。

注目のされ方に、とても違和感がありました。私はそんなに立派な人間ではなく普通でいるのに、テレビで流れる映像や言葉を抜き取って、伝わるものが大きくなり過ぎている。そのため、小平奈緒を演じなければといけないと思うようになり、自分にふたをするように、何か取り繕っているような思いで過ごしていました。

２０１８年の平昌五輪で金メダルを獲った時もそのようなことを言っていますが、五輪に出場して注目していただけるようになってから、私という人間をどう表現していいのか迷いました。世間の見方と自分の感じ方の違いに戸惑い、長い間、悩んでいたというのがあります。

その一方で、嬉しかったこともたくさんあります。銀メダルを持って相澤病院の病棟を一つ一つ回った時のことです。ベッドで療養しているおばあさんにメダルを見せると、脈を測定する機器がピコンピコンと鳴ってしまうぐらい心拍数を上げて喜んでくれました。

リハビリをしている患者さんと握手をすると、骨折しているはずなのに、力強く握り返してくれます。心配になりながらも、喜びが良い効果になればと思いました。

相澤病院に採用していただいた時から、病院に対してどんな貢献ができるかを考えてきました。テレビ画面越しに言葉だけで伝わるよりも、こうして病院に行き、患者さんと交流をしたり、職員の方たちと病院で挨拶を交わしたりすることで、何らかの力になれているのではないかと思うことができました。

競技はリンクの上でしかできないので、入院している方が会場に観に来られる機会はあまりありません。しかし、これだけ多くの人が応援してくれていたということを実感することができました。実際に病院でたくさんの人と会って言葉を交わすことで、心が通う温かい時間になりました。

よくスポーツ選手が夢や希望を与えられる存在になりたいと言いますが、夢や希望は与えるのではなく、届くものだと思っています。受け取る人が、スケートで表現をしている私の姿に共鳴して心を動かしてくださっていたことを知ることができ、幸せな気持ちになりました。

相澤理事長や病院の医師から言われたことがあります。「小平奈緒を応援することで病院内が一つになった」と。

五輪前に壮行会を開いていただいた時は、白衣姿の医師も会場に来て拍手を送ってくれました。患者さんは大丈夫なのかなと心配になるぐらいでしたが、仕事の合間を縫って応援の気持ちを届けてくれたことが嬉しかったです。

次を見据えて——自分を追い込む練習も

バンクーバー五輪が終わり、新たなシーズンに向けて練習を再開したものの、引き続き行事への参加などがあり、忙しい状態は続きました。表彰式に出席する時は、普段履き慣れないヒールのある靴を履くので、身体のバランスが少しずつ崩れていく感じもありました。

次の目標は２０１４年に開かれるソチ五輪。27歳で迎える大会は、年齢的には一番良い時期です。スケート競技人生の中で、身体の状態をピークに持っていけるのではないかとイメージしていました。

ソチまでの4年間は練習量をかなり増やし、筋力も鍛えて数値が一番伸びた時期です。栄養士に食事を指導していただき、合宿に帯同していただいたこともあります。LBM（除脂肪体重）を増やすために一生懸命に食べていた時期でもあり、ご飯茶わんをどんぶりに変え、〝漢飯《おとこめし》〟として白米を毎食250gは食べていました。

男子と一緒に行う練習も増やしました。外国の速い女子選手を見ると、男子と一緒に滑っています。男子の中に入って先頭を引っ張っている選手もいて、強いなと思っていました。バンクーバー五輪の女子500mで優勝したサンファ（韓国）もそうでした。だから私も男子のレベルを自分の水準にして練習しました。

小学生の時、清水宏保さんが倒れるまで練習で追い込む姿をテレビの特集で観ました。日本人が外国の選手に勝つためには、それしかないのではというような、凄まじい練習でした。私も同じことをやってみたい気持ちがあり、倒れ込むまで追い込んだこともありました。

岡崎朋美さんが歯を食いしばって山道を登り、フラフラになっている姿もテレビで観ました。バンクーバー五輪の後、岡崎さんが所属していた富士急に「一緒に練習させてください」と申し込んだことがあります。岡崎さんが引退してしまうかもしれないと思っていたので、その前にどうしても一緒に練習したかったからです。

3日間ぐらいだったと思いますが、受け入れていただくことができました。1人で行きましたが、他のチームの練習に参加する選手は当時あまりいませんでした。岡崎さんは「まさか本当に来るとは思わなかった」と、とても驚いていました。

同じ練習メニューに取り組み、登り坂でのダッシュは岡崎さんよりも2、3本多くやったと思います。その当時、岡崎さんは出産した後だったので、体力を取り戻している途中の段階。そこは若い私が頑張らなければいけません。しかし、岡崎さんは自転車トレーニングが強く、付いていくのに必死でした。

結城先生からは「休みの日は頼むから休んでほしい」と練習にストップをかけられたこともあります。しかし、当時は疲れをあまり感じていなかったと思います。気絶するように寝て、朝起きたら元気になっている。気持ちが充実していたのだと思います。

結城先生のトレーニング計画も絶妙でした。上手に追い込めて、怪我《けが》をしないぎりぎりを攻められるような計画でした。自分自身も怪我をしないためのケアに全力で取り組みました。次の日の練習を行うために、今晩中に、この部分の筋肉の張りを取り除かなければという感じで、身体の回復に努める日常を送っていました。

苦しいレースだった2度目の五輪「ソチ」

しかし、そうした練習は結果には結び付きませんでした。私にとって2度目の五輪となった2014年のソチ五輪は、自分が自分に期待していたよりも苦しいレースになりました。500mは5位、1000mは13位。「これだけやっても駄目だった」。そんな気持ちでした。

それまでのW杯では何度も表彰台に上がれるようになっていたので、もしかしたら表彰台に引っ掛かるかなという期待があった五輪でした。まだW杯の優勝はなかったものの、あわよくばとも思っていました。

ソチ五輪で5位だった女子500mの2回目の滑り
＝2014年2月11日

結果は実力通りで、実力を突きつけられた五輪だったと思います。力は出し切れたはずですが、周りの期待に応えられませんでした。その一方で、もっとできるはずだという気持ちもありました。

振り返ってみれば「これだけやったのに」というところに「隙」があったと思います。練習をたくさんやることが結果につながると思い込んでいて、その思い込みに縛られていました。

筋力などの数値は、ソチ五輪までの4年間が一番伸びましたが、ただ身体をつくっただけになってしまい、機能的な身体の使い方を掴み取れていませんでした。たくさん練習することだけが、競技力の向上につながるわけではないということをソチ五輪後に気付くことができました。

極限まで追い込むことも時に必要な練習ですが、賢くやることが必要だったと思います。頑張ることに一生懸命になって詰め込み過ぎてしまい、気持ちと身体の余裕というか、スペースが持てなかった。余裕と言うと隙がある感じですが、コントロールできる部分が含まれているという意味ではスペースだと思います。

あと、ソチ五輪までの4年間は世界の進化が速かったと思います。私も変化して向上していましたが､周囲はもっと速くなっていった感じです。実際に私のタイムは年々良くなっていたので成長はしていましたが、順位という評価でみると、周囲の方が優れていました。

自分が日本チームを引っ張らなければいけないというプレッシャーもあったと思います。2010年のバンクーバー五輪が終わってすぐに吉井小百合さんと新谷志保美さん、2011年春には大菅小百合さんが引退。出産してから復帰した岡崎朋美さんもソチ五輪代表を逃して引退を表明しました。

目標にしていた先輩たちが一気に競技を退き、急にぽっかり穴が開いてしまった感じです。国内では負けることはほとんどなくなっていて、自分が結果を出さなければいけないという思いが、かなり負担になっていたと思います。

私の考えでは、期待は抱くもので、背負うものではないと思っていました。しかし、ソチ五輪の時は、たぶん背負っていたのだと思います。

それでも、こうした経験は決して無駄ではなかったはずです。普通では考えられないぐらいの練習を、大きな怪我もなくやれたことは、その後の競技人生を長く続けていく上で、しっかりとした土台になったと思います。

最初から効率良く競技人生を歩んでいたら良かったかというと、そうではないと思います。結果に結び付かなくても、一生懸命に走り続けたソチ五輪までの4年間は、その後につながる糧になりました。

Chapter 3.
転機

視点を変える――オランダへの留学

私にとって2度目の五輪が終わって考えたのは、ここで一度、スケートに対する視点を変えてみようということでした。ここまで精いっぱいやってきたので、スパっと気持ちを切り替え、本当にやりたいと思えるスケートを追求するために違う世界を見に行こうと思いました。

実は大学2年の時にカナダにスケート留学しようと考えました。憧れていたシンディ・クラッセンと一緒に練習してみたかったからです。しかし、結城先生に相談をしたら「まだ入学したばかりで自分のスケートができていない。もっと実力を付けてから考えたらどうだ」と。タイミング的には、ソチ五輪が終わった頃が良いのではないかという話をしていました。

そうした流れの中で、結城先生がカナダに打診してくれましたが、カナダはナショナルチーム化して練習しているので、外国人を受け入れるのは難しいということでした。

では、次の候補として行きたい国はどこなのかを考えた時に、思い浮かんだのがオランダでした。スピードスケート王国と言われるオランダにはプロチームがいくつもあります。私が一緒に練習したいと希望したのは「チームコンティニュ」という国内の女子トップ選手が集うチームです。

コーチは長野五輪の金メダリスト。女子1000mと1500mの2種目を制し、1500mでは世界新を出したマリアンヌ・ティメルと、男子5000mと1万mでともに世界新で優勝したジャンニ・ロメが務めていました。

ソチ五輪でオランダが8個の金メダルを獲得する活躍をしたからという理由で、オランダ留学を決めたのではなく、実際はソチ五輪の前からオランダに行く手続きを始めていました。受け入れていただく予定だったチームのコーチと結城先生が1月に話をして、合意を得ていた中でソチ五輪を迎えました。

スケートが国技と言われるほど盛んで、文化として根付いているオランダ。学生の頃から夢見ていたカナダではなかったけれど、オランダも留学先の一つの候補に挙げていました。数多くの金メダリストを輩出している国の選手の心の持ち方を肌で感じ

オランダでの活動に向けて、記者会見で抱負。右は結城匡啓コーチ
＝2014年4月16日、長野市エムウェーブ

たいと思いました。また、原点に戻り、大好きなスケートをもう一度、思い出そうという気持ちもありました。

２０１４年４月25日、オランダにスケート留学するため日本を発《た》ちました。スケート靴や自転車、ヘルメットなどの練習用具、さらにお米などの日本食も持参。スーツケースは大きいものが３個ぐらいになりました。夏の練習で使うローラースケートはしっかりした物がなかったので、現地で買うことにしました。

長野五輪の時にマリアンヌをボランティアとして支えた日本人の方が現地にいて、準備の段階から連絡を取り合っていました。アムステルダムに到着すると、その方が車で迎えに来てくれました。

アムステルダムから約１００㎞離れた場所にヘーレンフェーンがあり、そこから10㎞ぐらいの所にウォルフェガという小さな村があります。そこが私の拠点になりました。

金メダリストの指導で車の運転を練習

オランダに到着してから、住む場所が見つかるまでW杯ヘーレンフェーン大会の時にいつも宿泊するホテルの1室を借りました。オーナーの厚意で宿泊費はアパートの家賃ぐらいにしていただき、そこに2ヵ月半余りお世話になりました。食事はレストランで出していただきました。

ホテルに到着した日のことは忘れられません。そこでマリアンヌと初めて会ってミーティングをした後のことです。チームのスポンサー会社の車を私のために用意していただいたのですが、海外で車を運転するのが初めての私のことを心配し、マリアンヌが助手席に乗って運転を教習してくれることになりました。

もう大変です。マニュアル車は運転したことがありますが、左ハンドルで右側通行。オランダの交通ルールは全く分かりません。しかも隣にいるのは、長野五輪やトリノ五輪で金メダルを獲得した憧れのマリアンヌ。「ホンモノが乗っている」。私にとってはあり得ない光景です。ハンドルを握る手にグッと力が入りました。

オランダでは住宅街を走る時に、右側から来る車が優先になります。こちらが真っすぐな道を走っていたとしても、右側から車が来た時はこちらが止まらなくてはいけません。しかしそのようなルールを知らなかったため普通に真っすぐ進もうとしたら、マリアンヌが急に「止まって、止まって！」と。「え、どうして？」という感じでした。

線路の踏切の手前で、日本は一時停止しますが、オランダでは電車が来ていなければ流れに沿ってそのまま進みます。私が律義に止まると、今度は「どうして止まるの？」と言われました。

マリアンヌと当時の話をすると、「私はあの時、死にそうだったわ」と言われます。私も「手にすごく汗をかいていたんだよ」と。それがマリアンヌとの出会い。初めての海外での運転によく付き合ってくれたと思います。おかげで何とか生活できるようになりました。

オランダは、90日以上滞在する場合はビザが必要です。日本を出発する前に必要な書類を揃え、現地の移民局で手続きをすることになっていました。しかし、そこに何回か通いましたが、なかなかビザを取得できませんでした。

チームとはトレーニングパートナーという契約を結び、相澤病院がチームに指導料を支払う形で受け入れてもらいました。

仮滞在許可のステッカーをパスポートに貼ってもらい、それがあれば、90日以上滞在することができました。他国に移動する時は、申請中だということを理解してもらえました。結局、そんな状態がしばらく続き、ビザがようやく発給されたのは留学を終える頃、1年半後ぐらいでした。最近はビザ取得が簡単になったと聞いています。

下宿は牛舎だった建物 知恵を絞って生活

現地で住む場所を探すのも大変でした。チームのマネージャーが一生懸命探してくれたものの、田舎だったので物件がほとんどありません。ケアハウスで利用者の相手をする学生の宿舎か、ホームステイのような感じで家の一室を借りるかの選択になりました。

選んだのは後者です。そこは、昔は牛舎だった建物をリフォームした家でした。キッチンとユニットシャワールームが付いた屋根裏部屋があり、そこを借りることにしました。なんだか『アルプスの少女ハイジ』みたいだなと思いました。

大家さんの家族は1階に住んでいました。私は玄関を通ることなく、倉庫のような所から急な階段を上って屋根裏部屋に行くことができたので、気を遣わずに済みました。最初から家具を揃えるとなると、とてもお金がかかりますが、ベッドやテーブルなどが付いていたのも助かりました。

私はお風呂が好きで、日本にいる時は1日に3回入る時もあります。しかしオランダでは浴槽がなくシャワーだけ。湯船に浸からないと疲れが取れないような感じがしたので、知恵を働かせました。ごみ箱が大きかったので、そこにお湯をため、椅子に座って足湯を楽しんでいました。

暖房が何度も止まり、お湯が出なくなったこともあります。最初は暖房が壊れたと思い、近くのホームセンターで電気ヒーターを買いました。後で大家さんに聞いてみると、部屋の壁の向こう側にボイラー室があり、ボイラーをリセットすると元に戻ることを知って安心しました。

また、オランダ人は身長が高いので、鏡の位置がかなり高いのです。洗面台で顔を洗ったあと、ふと鏡を見た時にそこに映ったのは鼻から上の私でした。大家さんに子ども用の踏み台を借り、それに乗って歯を磨いたり顔を洗ったりしていました。

夏は北海道のような気候で涼しいのですが、暑くなる日も1週間から2週間ぐらいありました。それでも乾燥していて湿度は低い。ただ、雨も多く、晴れている日が少なかった印象です。私が滞在していた時の冬の寒さは長野市と同じぐらいで、雪はあまり降りませんでした。

ふだんはヘーレンフェーンを拠点に練習し、定期的に合宿があります。集合場所はメールで連絡が来ますが、それがいつも合宿前日の夜ぐらいになりました。ソワソワしながら連絡を待ち、カーナビに住所を入れて車を運転して向かいます。

当時は高速道路が各地で新しくなっていた頃でもあり、カーナビに従って運転すると、違う場所に向かってしまう可能性がありました。なのでグーグルマップと合わせて確認し、案内標識の地名を見て自分で判断しながら運転したこともありました。

普段はアパートで自炊をしていました。日本から持って来たお米は貴重な感じがして、なかなか炊く勇気を持てず節約していました。

チームメイトを屋根裏部屋に招いてお寿司パーティーを開いたことがあり、その時だけは遠慮せずにご飯をたくさん炊きました。生の魚が苦手な選手もいたので、蒸しエビやアボカドなどのお寿司を作り、皆に喜んでもらいました。

オランダ語の習得は愉しみながら

オランダ語を習得するため、常に小さいノートをポケットに入れて持ち歩いていました。チームメイトから聞き取った単語を自分で発してみて、その単語と英語の訳を書いてもらいます。3回聞いたら覚えるという自分ルールを作り、それをひたすら繰り返し、覚えた単語を毎日少しずつ積み上げていきました。

合宿中の食事の時もノートを手元に置き、皆が私に覚えてもらいたい単語やフレーズをどんどん書いてくれました。でも時には普段使いしてはいけないような単語を教えられたこともありました。だから、オランダ語で話す時の私は少しやんちゃだったと思います。日本語では絶対に言わないような単語を、性格が変わったかのようにオランダ語で話すことがあったのではないでしょうか。

オランダに来た時に最初にサポートしてくれた日本人の女性がいて、その旦那さんの兄弟の奥さんも日本人でした。私が住んでいた村から車で20分ぐらい離れた所で牧場を営んでいて、その方の家に週1回ぐらいのペースで通い、夜に1時間ほどオランダ語の文法を教えてもらう時間をつくっていただきました。その家の子どもたちと話すことも勉強になりました。

また、英英辞典のオランダ語版で、オランダ語をやさしいオランダ語で説明する子ども用の蘭蘭辞典を本屋で買い、ペラペラとめくっていました。分厚い本ですが、子ども用なので絵もいっぱい描かれていて分かりやすかったです。帰国する時に、お世話になった家の子どもにプレゼントしてきました。

最初にホテルで生活をしていた時は、テレビをつけると雑音にしか聞き取れないオランダ語がストレスでテレビを消していました。下宿していた屋根裏部屋にテレビはなかったですが、聞き取れるオランダ語が増えてくると合宿先でテレビをつけたいと思うようになり、オランダ語が愉しくなってきました。

オランダ留学1年目に「チームコンティニュ」の仲間たちと一緒に撮影
（右から2人目が私）＝2014年11月

ほとんどのオランダ人は英語を話せるので、英語でもやり取りはできます。しかし、日常会話は、当たり前ですがオランダ語です。英語を使っていたら、オランダ人がその都度、頭の中で訳さなければならないので、会話にタイムラグが生じてしまいます。私は英語が得意ではないこともあり、オランダ語の方ができるようになりました。私がオランダ語を話そうとしていることが、チームメイトも嬉しかったようです。

チームのミーティングはオランダ語で行い、最後に要約した内容を英語で私に説明してくれました。最初の頃は何を言っているのか全然分からず、自分のことを悪く言われているんじゃないかと想像してしまうこともありました。

聞き取れるようになると英語の訳は必要なくなり、分からなかった部分だけ質問するようになりました。チームメイトも熱心に教えてくれます。こうして言葉に対するストレスは次第になくなりました。

6月頃に結城先生が様子を見るためにオランダに来ました。その時はチームのミーティングに参加し、英語がそれほどできるわけではない私の通訳をしてくれました。2回目に来てくださったのが9月頃だと思いますが、その頃にはオランダ語が上達してきており、冗談も言えるぐらいに成長していたので、結城先生は「俺は必要ないな」

と思ったそうです。

結城先生にはオランダでの練習を実際に見ていただくことで、留学中も情報を共有しながらコミュニケーションをとることができたので、大変助かりました。

賢く練習して結果を出すことを学ぶ

所属チームの選手は1年目と2年目で入れ替わりましたが、最初の年は私を含めて9人。五輪で計6個の金メダルを獲得したイレイン・ブスト、ソチ五輪の500mと1000mで銅メダルのマルゴ・ブア（ともにオランダ）、平昌五輪500m銅メダルのカロリナ・エルバノバ（チェコ）らがいました。イレインとは同じ年でメンタリティーも似ていたところがあり、ウエイトトレーニングではよくペアになって練習しました。

ソチ五輪までの私は練習を詰め込んでいましたが、オランダでの練習は量が減り、日本で行っていた練習量の3分の1ぐらいでした。これで本当に大丈夫なのかなと思うほどでした。

特にウエイトトレーニングの練習量が少ない。その代わりに、自転車やローラースケートを用いた練習は日本にいた時よりも多く、自転車には週6日乗りました。低負荷と高負荷のサイクリングを交互に繰り返すインターバルトレーニングや坂を上るタイムトライアルもあれば、疲労を回復させるために2時間軽めの負荷でサイクリングした時もありました。

呼吸や脈には良い刺激が入りますが、筋肉に対する刺激が少なく、自分で練習をプラスしていたこともあります。

ただ、短距離陣はサイクリング2時間、長距離陣は3時間というメニューの時、私も3時間やっていいかと聞くと、それは賢い選択ではない言われます。強度の高い練習が翌日にあり「次の日に100%を出し切るために今日を過ごしなさい」と。メリハリのある練習はできますが、総練習量や負荷を考えると、物足りなく感じました。

日本人はがむしゃらな根性や忍耐が美徳だと考えられることが多いですが、オランダでは必要な要素を賢く取り入れて結果を出すことも学びました。ソチ五輪で銅メダルを獲ったマルゴからは「奈緒、スリムにやらないと駄目よ」と言われました。オランダ語でスリムは賢いという意味。そこは大きな違いだと感じました。

ただ、賢くやりながらも、力を出す時は一切の妥協を許さない。後にも先にも、この一本で全てを出し切るという覚悟を持って取り組むオランダ人の姿勢はすごいと思いました。

日本でも、それなりの集中力を持って取り組んでいたつもりでしたが、やはり毎日頑張り続けていると、いつの間にか頑張りが80％の連続のようになってしまいます。オランダに行ってメリハリを覚え、覚悟を持って力を出し切るという部分はすごく勉強になりました。

マリアンヌには「奈緒はどうしたいの」と、よく聞かれました。教育の違いかもしれませんが、先生が教えることを、生徒は素直にやるということが日本では多いと思います。スポーツの現場でも同じような現象があります。マリアンヌの指導は「何をするか」よりも「どうしたいか」を引き出してくれる感じでした。

最初は、どうしたいのか聞かれた時にすぐ答えが出せず、こちらが「どうすればいいの」と聞いてしまいました。コミュニケーションを重ねていくうちに、自分がどうしたいのかを主張していいということに気付かされました。それはわがままではなく、どう考えているのか、どういう理由でこうしたいのかという自分自身の意志になりました。

マリアンヌに自分の考えを提案すると「良いアイデアだね。それでやってみようか」と受け入れてもらえて、同じ目線でディスカッションできるようになりました。

留学1年目にW杯初勝利

オランダに行って練習量は大幅に減りましたが、1年目のシーズンは思ったよりも結果が出ました。

W杯開幕戦の帯広大会は500mで2日間とも五輪2連覇のサンファに次ぐ2位。翌週のソウル大会は、初日のレースでサンファと同走し、0秒13差で競り勝ち、優勝することができました。

私にとってはW杯の初勝利。大学2年からW杯に出場するようになって、9シーズン目で達成することができました。

次の平昌五輪を目指していく中で、結城先生とは、五輪前にW杯で優勝した経験がどれだけあるかが一つの指標になってくると話をしていたので、この1勝は大きな自信になりました。マリアンヌも「できるじゃないの」と喜んでくれました。

私がW杯にデビューしたシーズンから話をするようになったサンファとは、この頃には親友になっていました。ソウル大会2日目の５００ｍはサンファに及ばず2位になり、最終日の１０００ｍが終わってから私はすぐオランダに戻ることになっていました。競技会場から空港に向かおうとしていると、サンファがタクシーを呼んでくれました。

その時に「奈緒、現金どのくらい持っているの」と聞かれ、見せたら「これじゃ全然足りないよ」と。タクシーはクレジットカードが使えないからと言って、お金を渡してくれて、タクシー運転手には韓国語で行き先を告げてくれました。飛行機に間に合うかドキドキでしたが、無事に搭乗することができました。

このシーズンはW杯の５００ｍで優勝したのは1回だけですが、2位が5回、3位が2回ありました。その結果、５００ｍでW杯総合優勝が決まりました。日本人女子

W杯ソウル大会の女子500mで初優勝し、2位のサンファ（右）と記念撮影
＝2014年11月21日（写真提供：共同通信社）

Chapter 3.

—

転　機

では島崎京子さん以来、24年ぶりの種目別総合優勝でした。

2月の世界距離別選手権では3位になり、初めて表彰台に立つこともできました。

前年のソチ五輪まではとにかく追い込んだ練習をしていたので、練習量が少なくなったことで、それまで溜《た》まっていた疲労が取れて結果につながったのかもしれません。それまで鍛えてきた体力の貯金もあったと思います。

ただ、目立って良い成績を出していたわけではありません。W杯では安定して表彰台をほぼキープしていたため、たまたま総合優勝できたということです。ソチ五輪の翌シーズンだったこともあって身体を休めるシーズンにしている選手がいたり、実力のある選手が引退したりしたからだとも思います。

いろいろな理由を考えてみると、自分の実力はまだそれほどでもないと感じました。

しかし、この先に希望を持たせてもらえる結果になりました。

勇気を持って攻めるオランダ人の精神力

留学1年目は金メダリストが持つチャンピオンのメンタリティーに触れることもできました。結城先生のコーチングはレース前に言葉を交わすようなことはなく、本人の感覚に任せて見守り、背中を押してくれる感じです。マリアンヌは結城先生の雰囲気とはまた違うアプローチをしてくれました。レース前にベンチで私が靴を履いていると、殺気立つ空気をまとって隣に座ります。マリアンヌがそばに来ると背筋がピンと伸びます。そして彼女は真剣な表情でこう言います。

「全員、食い尽くしていけ」。オランダ語を直訳すると、そういう意味の言葉でした。動物が獲物をガッツガッと食べるみたいに相手を倒していけといったニュアンスです。その場の空気が冷たくなる感じがしました。「嫌です」とは言えないので「はい」と。「もう行くしかない」と後に引けない気持ちになりました。

それまでの私は、氷の上に乗ってスタートラインに着く時に、そこまで気持ちを奮い立たせることはありませんでした。アスリートとして、まとっている空気が弱かったのだと思います。

マリアンヌにはレース前にこう言われたこともありました。「Wie is de baas?」。これは「ボス（主役）は誰ですか？」という意味ですが、それまで自分が主役だと思ったことのない私にとても響いた言葉でした。挑戦する舞台では、常に主役は私であるということを気付かせてもらいました。「Ik ben de baas.」「ボス（主役）は私です」。そう心に覚悟を持ってレースに挑めるようになりました。

現役時代のマリアンヌはレースに向かう時の眼差《まなざ》しに、その場の空気を切り裂くような雰囲気があり、その一レースに注ぎ込む集中力の強さがありました。１９９８年長野五輪は2種目で優勝し、２００６年トリノ五輪は５００ｍでフライングをして失格になり、あとは１０００ｍしかなくなった状況でその一本を掴み取り、金メダルを獲得しています。

マリアンヌと接する中で、集中力をつくり出すのではなく、入り込むという空気感に触れ、狙った一本を逃さなかった人の空気を感じ取ることができました。こうした感覚を自分自信も身に付けたいと思いました。それが、金メダルを獲得した平昌五輪で発揮することができた極限の集中力につながったのではないかと思います。

「食い尽くせ」という言葉については、私はそういうメンタリティーを持てませんでした。競い合う相手がいて自分の成長があるというところにスポーツの発展があると考えていたので、自分なりにそういう気概だと解釈を置き換え、目が覚めるようなキリッとした感触だけを受け取りました。

1000mでは最後の1周でラップが落ちてしまう怖さがあり、自分に自信が持てなかった時期がありました。レースで攻める滑りができなかった時に、マリアンヌから「何を怖がっているの」と言われました。

「世界にはご飯を食べられなかったり、寒くて寝られなかったりしている人がたくさんいる。でも、あなたはこのレースが終わったら温かいご飯が食べられるし、温かい布団で寝ることもできる。何が怖いの。痛みなんて一瞬なのよ」。こう諭されました。

勇気を持って攻めることの大切さを、壮大な話で聞かされた時に、一本のレースのことを心配している自分がちっぽけに感じてしまいました。

留学の1年延長を決意

オランダでは滑走フォームを少し変えました。重心が前に突っ込み過ぎていたので、マリアンヌに「もっと上体を上げなさい」と言われました。最初はそれがなかなか理解できませんでした。姿勢が高くなると、空気抵抗が増して減速してしまうと思ったからです。

マリアンヌは「怒った猫のフォームにしなさい」と言って、スマートフォンで怒った猫の画像を見せてくれました。

それまでの私は、重心の位置を前にしようとして、頭や肩の位置が下がり過ぎて上体が前に突っ込むような姿勢でした。怒り肩のように肩の位置を上げると、スケートが一番走るところに重心の位置が落ち着きました。このことがきっかけで、オランダでのニックネームが「ボーズカット（怒った猫）」になりました。

1年目は500mのW杯初優勝やW杯総合優勝を果たし、想像していたよりも結果が出たシーズンでした。ただ、自分の感覚ではこれが本当に正解なのか疑問に感じていました。

オランダ留学は当初、1年だけと考えていました。でも、もう1年体験してみないと、オランダ流が本当に良いのか悪いのか分からないと思うようになりました。

父から送られたメールのことも思い出しました。オンラインで父の日のプレゼントを購入して送った時の返信に「1年で終わりにするのはもったいない。奈緒の人生は神様がくれた時間だから、思う存分に悔いのないように使え」といったことが書いてありました。そのことも、オランダでもう1年やってみようと思えた理由です。

シーズンの終盤に活動拠点のヘーレンフェーンで世界距離別選手権があり、その時に両親と結城先生が観に来てくれました。500mで私は3位に入り、両親にオランダでの活躍を観てもらうことができました。大会が終わってからマリアンヌを含めて一緒に食事をしました。

父は仕事で英語を使うこともあったので、英語で話すことが好きでした。マリアンヌに、奈緒をもう1年お願いしますという意味で「You can keep it.」と言いました。私は「it（モノ）」なのかと思って笑ってしまいましたが……。

滑走フォームを変えたオランダ留学1年目。
W杯最終戦の女子500mで3位に入り、
自身初の種目別総合優勝を果たした
＝2015年3月22日、エアフルト
（写真提供：ロイター＝共同）

マリアンヌも「奈緒をもう1年オランダにキープしたい」と言ってくれました。そうした言葉を聞いて、自分でも、もう1年やってみたいという想いが強くなりました。シーズンが終わって日本に帰り、すぐに所属先の相澤病院に相談し、春からまたオランダに行けることになりました。

オランダ留学が2年になると、日本に戻ってから平昌五輪まで残り2年しかなくなるので、結城先生からは、時間が足りなくなると思っている様子を感じ取りましたが、自分で決めた道。たとえ失敗しても成功したとしても、それは全て私にとっては正解であると、覚悟を持つことができました。

ストレスや故障… 不振だったオランダ2年目

2015年5月4日、私はオランダ留学2年目のシーズンに向けて成田空港を出発しました。オランダ語はだいぶ理解できるようになっていたので、近所の人とも交流できるようになり、道も分かってきて不安は減っていました。

「ボーズカット」のニックネームで知られるようになり、街の人には日本から来たスケート選手という認識を持ってもらえるようになりました。インタビューにはオランダ語で応じていたので、オランダ人のファンも増えました。

しかし異国で一人暮らしをする中で、少しずつ溜《た》まっていく目に見えないストレスのようなものがあり、メンタルが少し揺らいでいた時に右足首を捻挫してしまいました。記憶があいまいですが、6月頃だったと思います。

それがかなり重傷でしたが、医師に診てもらうことができませんでした。オランダにはホームドクター制度があり、まずはホームドクターに診てもらうのですが、私はまだビザが取れていなかったので、ホームドクターをつけられなかったからです。

なので所属チームのトレーナーに診てもらうことしかできませんでした。下宿していた部屋には冷凍庫がなかったので、スーパーマーケットで氷を見つけて足首を冷やしていました。自己流のテーピングもしましたが、「これはまずいな」という状態でした。すぐ後にドイツのインツェルで合宿が始まりましたが、足が腫れて滑ることができませんでした。

さらにオランダ2年目のシーズンは、体調を崩すことも多くなりました。お腹の調子が悪くなったり、風邪をよくひいたり……。ビザがなくて病院に行けなかったので、調子の悪い状態が1週間ぐらい続いたこともあります。

トレーナーが薬を持ってきてくれますが、ドーピング検査で引っかかるのではないかと不安になって飲むことができません。とにかく水を飲んで、悪いものを自分の代謝で出すしかないと思っていました。

見えないストレスに加え、食べ物も原因だったと思います。パンと卵、ハム、ジャガイモ、あとはヨーグルトなどの乳製品が中心で、食材が偏っていました。オランダ留学を終えて日本に帰ってから検査をすると、卵や乳製品を食べると数日後に身体がだるくなる遅延性のアレルギーだったことも分かりました。

体がむくんでいて、体重はベスト体重から5kgぐらいオーバーしていました。湯船がなくてお風呂に入れなかったので、代謝を巡らせることができず、老廃物が身体に溜まっている感じが常にありました。

練習量が少なかった上に、体調不良が重なったことで、2015〜2016年シーズンの成績は思うようにいかず、W杯の成績は500mの6位が最高でした。5連覇が懸かっていた全日本スプリント選手権の時も風邪をひいていた記憶があり、総合5位でした。

全日本スプリント選手権のレース後の取材で、記者の方たちから「小平、終わったな」というような雰囲気を感じ取ってしまい、つらかったのを覚えています。

しかし、自分の中では日本に戻って練習すれば、最低でも元の状態には戻れると思っていました。日本で暮らせば心配することはないという希望を持ち続けました。

Chapter 4.

疾走

自分を変えてくれた留学

オランダでのスケート留学を終え、２０１６年3月下旬に帰国しました。違う環境に飛び込んだ2年間は、自分を大きく変えてくれました。自分一人でどうにかしないといけない環境の中で、自分がどうしたいのかがはっきりしました。

オランダ語を覚える過程で気付いたことがあります。単語や文法を覚えても、なかなか会話にならず、相手の言っていることが理解できても、こちらが話し出せない時がありました。あとから考えたら、自分の中に意見がなかったので話すことができなかったということに気付くことができました。

1年目、2年目と過ごすうちに、自分がどうしたいかという意見や意志を育てられるようになっていきました。オランダ語で自分の意見を相手に伝えることができるようになり、日本に帰ってきた時に、日本語での思考が深まって、言葉が豊かになったと感じました。

現地では日本語で会話できる人が周りにいなかったので、自分自身と対話する時間が多かったことも自分の中の思考を掘り下げてくれるきっかけになりました。自分と一番向き合えたのがオランダでの2年間だったと思います。

日本では、いろいろなものが「ある」という生活の中で、ただ身を委ねていただけでした。一方で「ない」状態の中でも求めることで道が拓《ひら》け、手にできることがたくさんあるということに気付くことができました。

そこに、ある物のありがたさを感じ、有意義に、最大限に活用したいと思えるようになりました。「与えられるものは有限、求めるものは無限」という言葉を使うようになりましたが、こうした経験から引き出された言葉だと思います。

自分の考えを伝えられるようになった経験は、日本に持ち帰った財産の一つです。オランダに行く前は、結城先生から提示される練習メニューをそのまま素直に取り組んでいましたが、帰国してからは自分がどうしたいかを伝えられるようにようになりました。

結城先生からは「奈緒はどう思う」と聞いてもらえるようになって、それがお互いのやり取りにつながり、私から「こうするのはどうですか?」と提案できるようにも

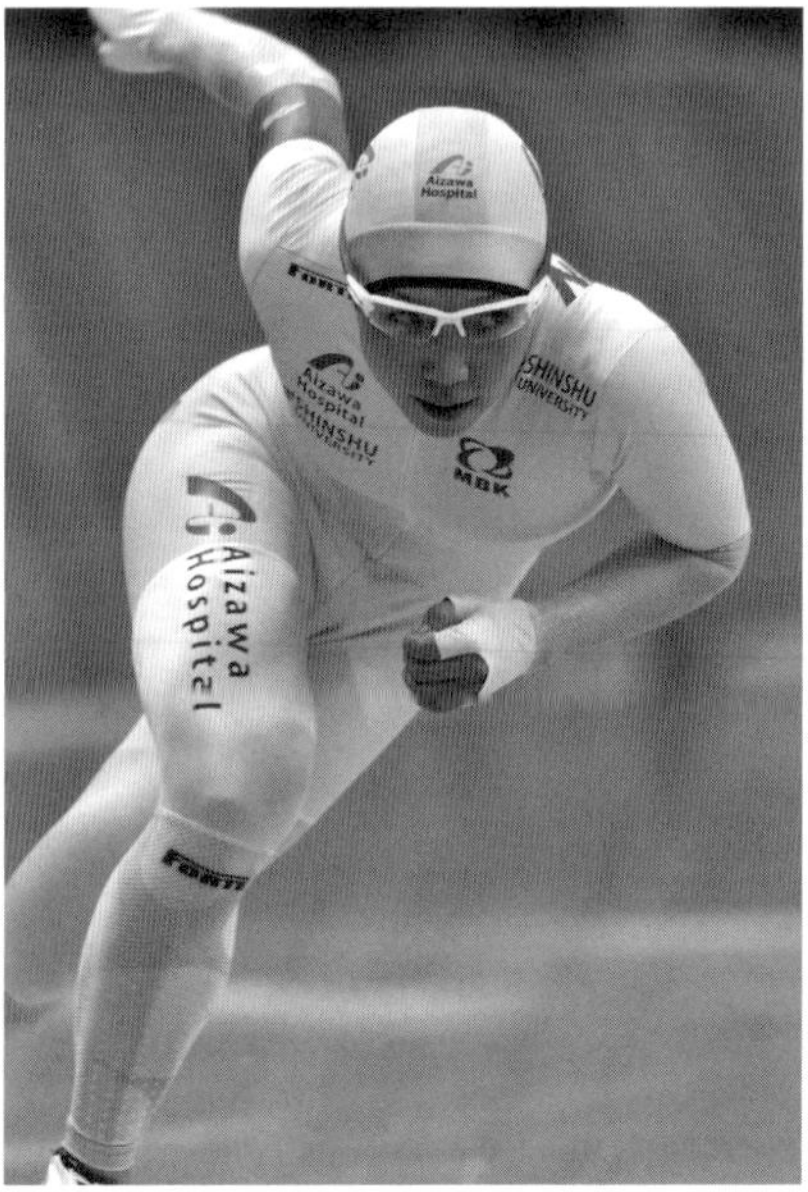

オランダから再び信州に拠点を戻し、全日本距離別
選手権女子500mは国内最高の37秒75で優勝
＝2016年10月22日、長野市エムウェーブ

Chapter 4.
—
疾　走

なりました。こうして意見を伝え合えるようになったことが、オランダに行って一番大きく変わった部分だと思います。

オランダでは曇りだったり雨だったり天気が良くない日が多く、それだけで気持ちが落ち込むことがありました。晴れることが多い日本の天気は清々《すがすが》しくて元気になれます。汗もかけるので気持ちが良い。あとは湯船に毎日浸かれることに幸せを感じました。

当然のことですが、スーパーマーケットに行けば日本食ばかり。日本食を探さなくていいどころか、選ぶことができます。瑞々《みずみず》しくて新鮮な信州産の野菜などを手に取りながら、いちいち感動し、帰国してすぐのお買い物は店内を3周ぐらいしてしまいました。

血液が循環して入れ替わるのに3ヵ月かかると聞いていたので、最初の3ヵ月で体質を改善しようと思いました。オランダ生活で滞っていた体内循環や、体調不良の原因になったものをスパっと変えようと行動に移しました。体質改善は、日本に帰ってきた時の新鮮さの勢いで愉しく行うことができました。

固定観念にとらわれず練習を見直す

オランダ留学中は練習量が少なかったので、結城先生のメニューで再び練習を始めた時は「この練習をやりかった」という充実感で、疲労が心地良く感じました。もちろん最初は毎日が筋肉痛でした。オランダではウエイトトレーニングが少なく、自転車に乗っても平たんな道が多かったので、筋肉が目覚めていく感覚でした。

固定観念にとらわれることなく、オランダで学んだ練習も取り入れて、結城先生と相談しながら柔軟に練習内容を変えていきました。オランダ留学前はハードな練習の連続でしたが、少し余裕を持ったトレーニング計画にもしました。

上体を起こし気味にして滑るボーズカット（怒った猫）のフォームも修正しました。身長が高くて脚が長いオランダ人選手はその姿勢でも氷を長く押せますが、私の体格では、同じようにはいきません。結城先生と対応を考えていく中で、上半身はオランダで学んだ姿勢、下半身は韓国選手のように重心を下げた深い姿勢に落ち着きました。

さらに私の特長でもある股関節の柔らかさや背骨のしなやかな動きの精度を上げ、身体をより機能的に大きく使えるようにする努力を続けました。

シーズンが近づいてきた時には、これまでとは全然違うという感覚がありました。身体が絞れて、自分のコントロール下にあるなという感覚です。

開幕戦前のタイムトライアルでは、いきなり好タイムが出ました。全日本距離別選手権は５００ｍ、１０００ｍともに国内最高記録で優勝。W杯は初戦のハルビン大会で５００ｍを制し、２年ぶりの2度目のW杯優勝を果たしました。

このシーズンから５００ｍで優勝を重ねられるようになりました。

連勝については何も意識していなかったと思います。自分が勝つことができたことのは毎回たまたまだと思い、むしろ、何秒で滑れるかにフォーカスしていました。

シーズン後半に入ると、世界記録のことしか考えていなかったかもしれません。低地のリンクなら36秒台を出すにはどうすればいいかというところに意識が向いていました。高速リンクのカルガリーやソルトレークシティーのタイムに換算して比べていました。

２０１７年2月、１年後に開催される平昌五輪の会場で世界距離別選手権が行われました。プレ五輪の位置付けだったので、来年に向けてシミュレーションをしっかりやって臨んだ大会です。

調子の良さは感じていましたが、自分の中には過去の弱い自分がまだいました。負けるとか、勝てるわけがないなどという自信のなさが、ほんのわずかですが、自分の中にありました。

ただ、シーズン後半は2位とのタイム差が大きくなり、それが絶対的な自分の実力を示すものになってきました。8割ぐらいの努力感で優勝できる実力が付いてきたなと感じていました。

500mは必死に滑るというより、自分のコントロール下にあるレースができました。ゴールした時は電光掲示板が見えず、すぐにタイムが分かりませんでしたが、37秒13というアナウンスを聞いてびっくりしました。「低地のリンクなのに、日本新記録が出せたの？」と。

私が持っていた従来の日本記録は、気圧が低くて空気抵抗が減る標高約1400mのソルトレークシティーで出した37秒29。そのタイムを標高約50mのリンクで更新し世界距離別選手権で初優勝。もしかしたら翌年の平昌五輪では36秒台を出せるかもしれないという希望が見えました。

この時、表彰台に立って初めて『君が代』を聞きました。W杯では国歌が流れません。日本の国旗が揚がり、「ああこんな感じなんだ」と冷静に会場を眺めている自分がいました。

世界スプリントで初の日本女子総合優勝

世界距離別選手権で初優勝した後、帯広市で行われた冬季アジア大会に出場し、中3日の強行スケジュールでカルガリーでの世界スプリント選手権に臨みました。

日本との時差はマイナス16時間。帯広にいた時から朝食の時間をカルガリーの時間に1日ずつ近づけていくように時差を調整し、あと3日間あればちょうど時差に対応できるという状態にしてカルガリーに向かいました。

世界スプリント選手権は2日間とも500mと1000mを滑り、計4レースの合計得点で総合優勝を争います。安定して4レースを滑れる総合力が問われる大会ですが、私は総合優勝よりも「あと何回、記録にアタックできるか」と考えていました。

最初の500mは36秒75の日本新。初めての36秒台でしたが、36秒36の世界記録を意識していたので「36秒後半か」という感じでした。次の1000mでも日本記録を更新し、2日目の500mまでの3レースは全て1位。最後の1000mだけは、少しだけ総合優勝を意識しました。結果は、4レースの総合得点で世界新記録を出し、日本女子で初の総合優勝を果たしました。

このシーズンは世界距離別選手権を最も重要視していましたが、五輪は17日間の大会になるので、ピンポイントで調子を合わせるのではなく、「帯」で合わせる必要があります。アジア大会、世界スプリント選手権と大会が続く中でも調子の良い状態を維持していこうと考えていました。

開催場所が変わる上に時差もあって難しい部分がありましたが、「帯」で調子を合わせることができた経験は、翌年の平昌五輪にも活きたと思います。3大会とも五輪が開催される2月という時期だったので、貴重なデータになりました。

3月のW杯最終戦も500mで連勝し、このシーズンは出場したW杯500mの全

世界スプリント選手権で日本女子初の総合優勝。観客とタッチして喜び合う
＝2017年2月26日、カルガリー（写真提供：共同通信社）

レースを制して2シーズンぶり2度目の種目別総合優勝。1勝だけだった前回の総合優勝とは中身が全く違いました。

五輪プレシーズンがうまくいったので、自分の中に強い自信が芽生えてきました。ただ、その好成績にうぬぼれることなく、まだまだ上がいると思い、油断することなく粛々《しゅくしゅく》と自分の目指すところに向かっていくことが大切だと思いました。そのような気持ちで春を迎え、平昌五輪に向けて練習を再開しました。

目指すのは、自分の生まれ持った身体を最大限に使い、五輪の舞台でベストパフォーマンスを発揮すること。周囲からは金メダルへの期待が高まり、メディアの方たちからは注目が集まるようになりましたが、自分の目指すスケートができた時に夢がかなうかもしれないという自分自身への期待を大きく持つようにしました。

春先から取材依頼が殺到していたようですが、結城先生が練習に集中できるようにコントロールしてくれました。なるべく練習以外で負担がかからないようにするため、個別取材を受けるのではなく、記者会見を定期的に開くという形をとっていただいていたので、集中力を乱すことなく練習にしっかり向き合えました。

周囲からの期待を感じる中でも、自分自身に対する揺るぎないものがありました。

自分がやりたくてやっていることなので、皆さんが向けてくれる視線を、全部応援だと捉えて目の前のことに励むことができました。

滑りが変わる過程にワクワク

平昌五輪シーズンの開幕戦を1ヵ月後に控え、帯広市で行われたタイムトライアルで500mを37秒23で滑りました。前年の国内開幕戦が37秒75の国内最高。まだ身体が全然仕上がっていないのに、「この時期にしては良いタイムだな」という好記録が出て驚きました。

この頃は女子の枠に留まることなく、男子と一緒に練習をすることで刺激を受け、男子の背中を追いかけていました。現状に満足せず、未知のスピードを体感したいという好奇心で滑っていて、その成果が現れてきた手応えがありました。

全日本距離別選手権の500mは37秒25で優勝し、W杯が始まってからも順調でし

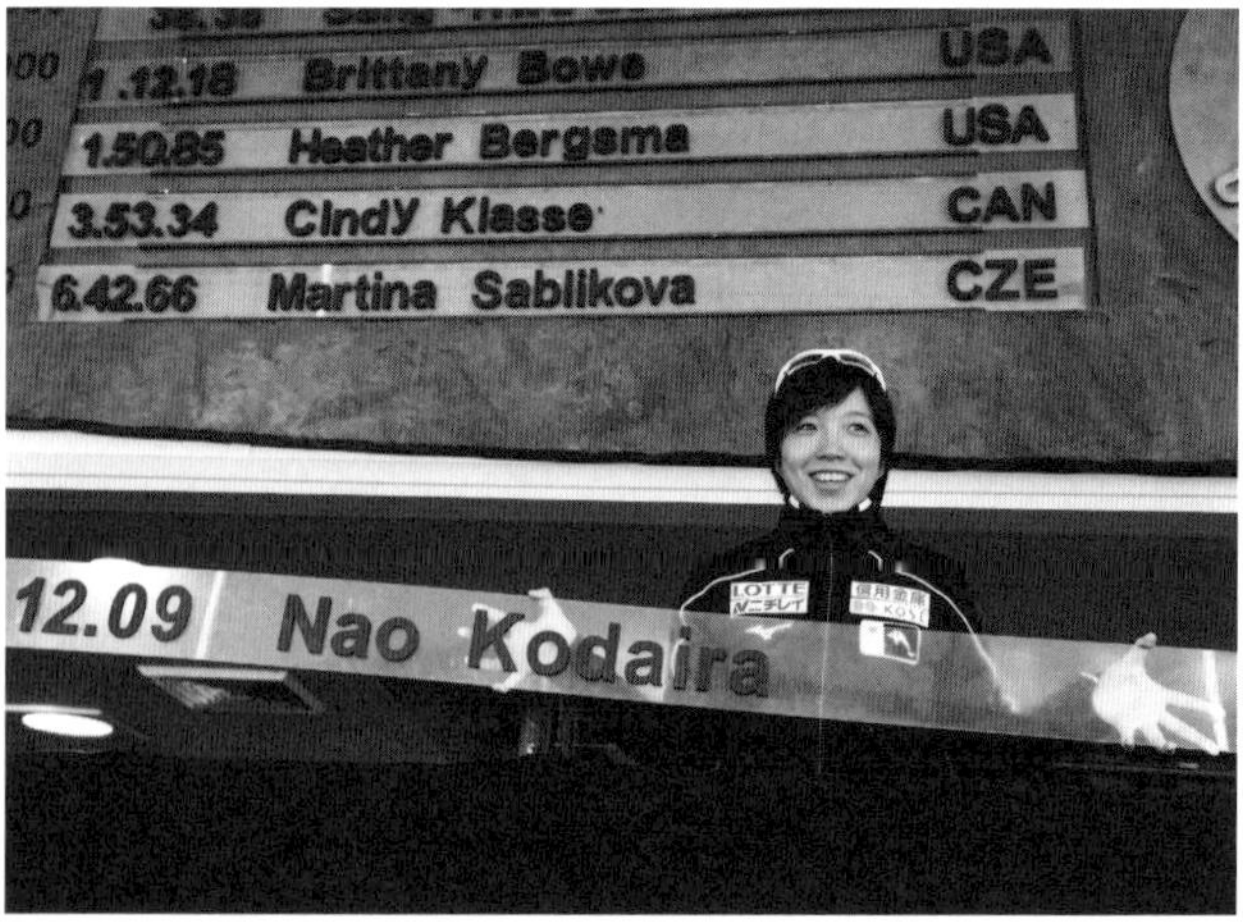

W杯ソルトレークシティー大会の1000mで世界記録を更新。
会場に掲げるボードを手に記念撮影
＝2017年12月10日（写真提供：共同通信社）

Chapter 4.
疾 走

た。連勝していた500mに加え、第1戦のヘーレンフェーン大会は1000mでW杯初優勝を果たしました。12月のソルトレークシティー大会では1000mで1分12秒09の世界新記録を出すことができました。

1000mは世界記録を意識していたのか記憶にありませんが、500mより先に世界記録が「出てしまった」という感じでした。一瞬の喜びは感じたものの、すぐに冷静な自分に戻りました。子供の頃から大会でメダルや賞状をいただいても、ゆっくり見ることはなく、すぐケースにしまったり、母に預けたりしていたようで、もしかしたら世界記録にあまりこだわりを感じていなかったのかもしれません。スケート技術の追求に没頭し、滑りが変わっていく過程が、自分にとっては一番ワクワクしていた時間だったと思うからです。

実は1週間前のカルガリー大会は1000mで転倒しています。その時はとても調子が良く、力まずスムーズに加速していく感じでした。「あー心地いい」と思って滑っていた時に、たまたま二つ目のカーブで氷の溝に足をとられて転んでしまいました。

あのまま滑ることができれば、良いタイムにつながっていたかもしれないと、フラストレーションを感じていました。しかし翌週も試せると思い、転倒する直前までの良い感触を活かすレースができて世界記録につながりました。

このシーズンは１０００ｍもコンスタントに結果が出ていました。それまで後半にラップが落ちる不安がありましたが、滑りがしっかりすれば後半になっても減速は少なくなる感覚を掴めたことで苦手意識が少しずつなくなりました。

Ｗ杯前半戦の成績で５００ｍと１０００ｍの五輪代表に内定し、五輪代表選考会は１５００ｍにも出場して２位。３種目で五輪に出場できることになりました。

平昌五輪では３種目の中で最初に行われるのが１５００ｍ。次の１０００ｍが最初のレースになるよりも、先に１５００ｍを滑って会場の雰囲気を掴んでおけば、予行演習にもなると思い、出場を決めました。単純に１５００ｍが好きという理由もありました。

五輪では日本選手団の主将を務めることになりました。打診された時は、できれば断りたいと思いましたが、結城先生から「俺がしっかりコントロールしてレースに支障が出ないようにするから、やってみたらどうだ」と言われました。実際に引き受けることになってから、いろいろと配慮していただきました。

主将として掲げたテーマは「百花繚乱《りょうらん》」。それぞれの競技や種目で活躍できる人がそろっていました。

主将として私一人が日本選手団を引っ張るのは難しいので、視点を変えました。テーマを決めて投げかけておけば、皆がそれぞれの想いを胸に、それぞれの場所で輝いてくれるはず。私もその一人として花を咲かせればいいと考えれば身軽になれます。そういうリーダーがいてもいいのかなと思いました。

平昌1000m「銀」ウイニングランで違和感

2018年2月4日、平昌五輪の選手村に入りました。開会式の2日前のタイムトライアルでは500mで37秒05。同じ会場で開催された前年の世界距離別選手権の37秒13を上回り、比較的良いタイムで滑ることができました。

オランダ人の元チームメイトには「36秒に届かなかったよ……」とSNSでメッセージを送ったところ、「本番に取ってあるんでしょ」との返信。私は「分かった。本番でやってみよう」という気持ちになりました。

平昌五輪は2月9日に開幕しました。私にとっては3度目の五輪です。6位になった最初の1500mはベストに近い滑りだったと思います。メダルの期待もなかったので、伸び伸びと滑れた印象でした。1500mを滑ると、スケーティングが繊細になってまとまります。500mと1000mに絞ると、力に頼る部分が出てきてしまい、滑りの乱れにつながる懸念もあったので、出場して良かったと思います。

その2日後が1000m。世界記録保持者として臨んだレースですが、W杯で勝っていたとはいえ、500mと違って上位選手のタイム差はそれほどなかった種目です。なので絶対的な実力があるわけではありません。優勝したヨリン・テル・モルス（オランダ）と0秒26差の銀メダルでしたが、悔しいという気持ちはあまり湧いてきませんでした。「結果的に2位だった」という感覚でした。

1000mまでは何となく足の感覚が硬いなというのがありました。日本選手団の慣れない公式の靴で歩いていた時間が長く、足の感覚が少し狂っていたのかもしれません。足関節の状態がいつもと違う感じがあり、その影響が1000mの時まで少し残っていました。

アウトスタートで不利だったという声もありました。スタートしてから最初のカーブに入るまでの直線がインスタートよりも短く、加速局面でスピードを上げにくいと言われているからですが、私はあまり関係なかったと思います。それ以上にもう少し足の感覚が良ければ、というところがありました。

1000mが終わり、メダリストが国旗を持って会場を周回するウイニングランの時でした。イメージしていたものとは違う、寂しい光景が自分の中に残ってしまいました。

金メダルのテルモルスはオランダのメディアの前で喜びに浸り、銅メダルの髙木美帆さん（日本体育大学）が持った日の丸は、どんどん先に行ってなかなか追いつけません。レース後は仲間とたたえ合う時間を持つことが、ウィニングランだというイメージを持っていたので「こんな感じなのかな。何か違うよな」という違和感が湧いてきました。

誰もが目標にして目指してきた五輪の結果は、やはり仲間があってこそだと感じます。ウイニングランは勝利の喜びに浸る時間だと捉える人もいますが、私は、できれば高め合ってきた仲間と一緒に喜びの空間を創りたいと考えていました。このバラバラな光景に寂しさを感じながら、1人でリンクを周っていました。

この時、決意しました。もし私が500mでメダルを獲ることができたなら、ウイニングランは絶対に仲間と健闘をたたえ合う時間にしようと。

平常心で500mへ　自分を超えられた

500mのレースは1000mが終わってから4日後。リズムを500mモードに変えるため、男子短距離で同じチームで練習する山中大地さん（電算）と一緒に練習しました。後ろに付いてタイミングを掴んでいく中で、足の感覚が馴染《なじ》んでいくのを感じました。

500mは前回の五輪まで2回の合計タイムで競っていましたが、今回から一回勝負になりました。競技開始時間は午後8時56分。私は夜更かしが苦手なので、現地に入ってから生活の時間をずらして調整しました。朝食を10時ぐらいに食べ、午前中は軽く身体を動かし、昼食は15時ごろ、午後は氷上練習に行き、夕食は21時ごろに食べました。午前1時ぐらいに就寝といった感じの生活でした。

レース当日は特に緊張するわけでもなく、本当に驚くほど、いつも通りのメンタリティーで舞台に臨むことができました。W杯では2位とのタイム差があったので、8割の努力感で最大のパフォーマンスを引き出そう、という心持ちでした。集中もできていて、やるべきことが見えていました。

女子500mは16組に分かれてレースを行い、私は14組目。スタートラインで構えてから号砲が鳴るまでが長く、身体がピクリと動いたようです。後で映像を見て知りました。たぶん何かの音に反応して動いた身体を瞬間的に戻したのだと思います。100mを10秒26で通過しましたが、それがなければ、スタートはもう少し速かったかもしれません。

レース中は透明な筒の中を滑っていくような感じでした。自分の滑るレーンはしっかり見えていて、周りの景色はぼんやり見えるという状況です。バックストレートから第2カーブに入る局面で、コーナーマットが見えたことだけは、なぜかよく覚えています。

以前に習った古武術の高橋佳三先生（びわこ成蹊スポーツ大学）に、「相手がいてもいなくても一緒。ただ自分の動きをするだけ」という言葉を教えていただきました。レース中は相手がいることを感じ取りながら、自分の動きに集中する状態に持っていけました。

ゴールを駆け抜けて36秒94のタイムを見た時は、清々しく、爽快感がありました。自分を超えられたと思いました。低地のリンクで目標にしていた36秒台で、五輪新記録。やり遂げられたという気持ちです。80％の努力感でいいという気持ちで臨み、結果的に100％出し切れた感覚でした。

ゴールしてからの私は冷静でした。まだ次の組もあるので素早く気持ちを切り替え、人さし指を唇に当て「静かにしてほしい」と、スタンドに合図をしました。次の組で五輪3連覇が懸かるサンファと郷亜里砂さん（イヨテツスポーツクラブ）が滑るため、会場の歓声が収まらずアンフェアな空気になるのを避けたかったからです。

後で考えたら、喜んでいた人たちにとって失礼なことをしてしまったと反省しました。その瞬間が喜びを爆発できる唯一の瞬間だったのにもかかわらず、私が静かにしてほしいと合図をしたことで、その喜びを発散できなかったのではないかと思います。しかし、レースはやはり選手の大切な挑戦の舞台なので、そこは譲れませんでした。私は精いっぱいのことをやり遂げ、納得のいくタイムで滑ることができました。誰かが私よりも上の順位になったとしても、素直に相手をたたえられると思っていました。

だからサンファのレースは、純粋に友達を応援する気持ちで観ていました。「サンファ、頑張れ」と。１００ｍの通過タイムが速かったので、どんなタイムでゴールするのだろうと、少しワクワクしました。

サンファと健闘をたたえ合う

女子５００ｍの最終組が終わり、私の金メダル獲得が決まりました。大勢の人に祝福していただいた表彰式、その後のメダル授与式などがありましたが、やはり一番嬉しかったのは、レース後のウイニングラン。競い合った仲間たちやサンファとお互いをたたえ合えたことです。

「たくさんの重圧の中でよくやったね。私はあなたをリスペクト（尊敬）しているよ」と伝えました。サンファは「私もあなたを誇りに思う」と言ってくれました。

2歳年下のサンファの存在を知ったのは、私が中学時代に出場した日韓ジュニア競技会です。私が初めてW杯に出場した2006年11月のヘーレンフェーン大会で、彼女は優勝しています。初めて声をかけたのは、そのシーズンだったと思います。

韓国の選手と控室が一緒になることが多く、早くから世界で活躍していた彼女に興味がありました。中学生の頃、大会に行く時に父から「友達をたくさんつくってこいよ」と言われていたので、海外でも同じように話しかけてみようと思いました。

サンファは韓国のほかの女子選手と群れることがあまりなく、いつもクールな印象でした。しかし私が片言の韓国語で声をかけると、愛嬌《あいきょう》があるとはいえないサンファがニコッとしてくれました。そこから仲良くなっていきました。

平昌五輪では、サンファとのウイニングランのシーンが切り取られて注目されましたが、私たちにとっては特別なことではありませんでした。

平昌五輪女子500mで金メダルが決まった後、
涙を流す銀メダルのサンファを抱きかかえて健闘をたたえ合った
＝2018年2月18日

私は転倒が多かったシーズンがあったり、W杯でなかなか表彰台に上がることができず5位や6位が多かったりした時期があります。そんな時、クールダウンで自転車をこいでいると、サンファが近寄ってきて「大丈夫だよ」と声をかけてくれました。ウオーミングアップの時に「レースと思わないで練習だと思ってやってみたら」とアドバイスしてもらったこともあります。サンファなりに私のことをいろいろ想ってくれました。

実は500mの前夜、サンファのことを考えていました。3連覇を期待され、重圧がかかる自国開催の五輪でありながら、怪我を抱えていて身体が思うように使えない状態だということを耳にしていました。「サンファは今どんな気持ちでいるんだろう」と思いながら眠りにつきました。

選手村ではサンファと何度か顔を合わせていましたが、いつもと違ってよそよそしい感じでした。後で理由を聞くと「奈緒の集中を妨げてはいけないと思った」と話してくれました。

だから、お互いに想いやって、競い合った先に、あのようなシーンが生まれました。相手を蹴落として勝つのではなく、相手がいるから自分を高めていける。もしサンファが1位になって、私が2位だったとしても、負けて悔しいという気持ちよりも、相手の頑張りを認め、お互いをたたえ合うことができたのではないかと思います。

五輪は皆が4年間積み上げてきたもの、ベストなものを出し切るレース。そこでは全員がお互いをたたえ合える瞬間が生まれるのです。

2人の友が分けてくれた笑顔と度胸

平昌五輪のシーズンは、同い年の石澤志穂さんにサポートをしてもらったことも大きかったです。日頃の練習や栄養面で誰かに支えてもらえたら、もっと質の高い練習ができると思いました。そこで、バンクーバー五輪とソチ五輪に一緒に出場し、引退後は短大で栄養学を学んだ彼女にサポートをお願いしました。相澤病院に相談し、2017年春から五輪が終わるまで病院で雇用していただきました。

結城先生は私以外にも指導している選手がいるので、全てを頼るわけにはいかない

中学3年の全国大会。1000mでは
石澤志穂さん(中)、住吉都さん(右)と3人で表彰台に上がった
＝2002年2月6日、山梨県富士吉田市

状況でした。最初は練習サポートという形を中心に考えていましたが、栄養面のサポートを期待以上にしてくれました。

近くに住み、作り置きとして2、3日分のおかずを届けてくれます。練習がハードな週は、胃にやさしいものなど、私が必要だと思う食事を一緒に考えてくれました。おいしいのはもちろんで、栄養がしっかりと考えられています。

北海道出身の彼女と初めて話をしたのは中学3年の全国大会。1500mのレース後、思うような結果が出せなかった長身の子が、泣きながらクールダウンで走っていました。「どうしたの」と声をかけ、「じゃあ次の1000mはワンツー（1、2位）を取ろう」と約束しました。そしたら1000mで私が優勝し、彼女が2位。そこから仲良くなりました。

彼女とは気を遣わなくてもいい関係でした。私のことを分かろうとしてくれていて、話を聴いてくれる人がそばにいるというのは助かりました。そして彼女は「笑う門には福来る」という諺《ことわざ》のように常に笑っている。私は真面目に物事を考え過ぎてしまうところがあるので、彼女の笑顔が心のストレッチになっていました。

平昌五輪前には悲しい出来事もありました。信州大学氷上競技部の同期で、一緒にソチ五輪に出場した住吉都さんが2018年1月20日に亡くなりました。大学卒業後は別のチームで練習していましたが、年明けに一緒に食事をしたばかりでした。その時はニコニコと元気そうな様子だったので、かなりショックでした。

中学1年の全国大会で、500mで決勝に進んだ1年生は私と住吉さんと石澤さんの3人だったので、その時から同い年の速い選手という印象で知っていました。

大学の入試前日、私は「落ちたらどうしよう」と不安ばかりだったのに、北海道から来た住吉さんは「落ちた後のことは考えない。考えても仕方ないから」と言ってまっしぐらな感じでした。その姿勢がすごく印象に残っていて、彼女の度胸の良さを本番の時に分けてもらいました。

大学1年目は松本市から長野市に通って練習する日があり、車で一緒に移動していました。彼女は歌が好きだったので、車の中で一緒に熱唱したのが懐かしい思い出です。インカレではリレーとチームパシュートを4年間一緒に滑り、個人種目と合わせて4種目に出場するハードな役目を2人で全うしました。

私は所属先が決まらないまま大学を卒業しましたが、彼女は実業団でスケートを続けることが決まっていて、道を切り拓いていく覚悟と決断力に感心していました。

五輪前に葬儀に行き、顔を見てお別れができたので、受け入れることができました。もし会えないまま五輪に行ったら、後悔して前に進めなかったのではないかと思います。その時に石澤さんがそばにいてくれたことも心の支えになりました。

Chapter 5.

使命

身体のバランスが崩れる感覚

平昌五輪で金メダルを獲得し、帰国してからの注目度には驚きました。出身地の茅野市で2018年の3月25日に祝賀パレードを開いていただき、市役所からJR茅野駅まで、約600mの沿道には、茅野にこんなに人がいたのかと思うほど大勢の人（市の発表で約1万5千人）が集まりました。

両親が私の後ろに付いた車に乗っていて、たくさんの人に祝福される私の姿を間近で見てもらえたことが、何だかとても嬉しく感じました。

中学校時代の同級生がいたり、「九州から来ました」と書いた紙を持った人もいたり。私が五輪で使った物と同じサングラスをかけている人や、フクロウを連れている人がいたのも印象に残っています。商店の2階からも手を振ってくれる人もいて、応援を身近に感じることができました。

その一方で、関心を集めることに苦しんだこともありました。街に出れば、どこに

平昌五輪500mの金メダル獲得を祝うパレードが茅野市で行われ
沿道を埋めた大勢の人たちの祝福に応えた
＝2018年3月25日

行っても監視されているような錯覚に陥ってしまって、生活に息苦しさを感じ、自分の世界を生きている感じがしなくなってしまいました。次第に外出が減り、家にいることが多くなりました。

純粋にスケートが上手になりたい、速く滑りたいと思って取り組んできたのに、そうなればなるほど、特別で遠い存在のように捉えられてしまう。そのことへの戸惑いがありました。

さらに身体のバランスも少しずつ崩れていく感覚がありました。祝賀会やイベントが続き、慣れない革靴を履くことが増えました。関心が集まることで周囲からの視線が気になり、外を歩く時はいつもうつむき加減だったので姿勢が悪くなっていきました。

気遣いをするほうなので、気疲れでヘトヘトになることも多かったように思います。いつもとは違う目まぐるしい日々の中で、自分の身体をケアする時間も少なくなりました。そうしたことが積み重なり、身体のバランスが崩れていく感覚につながっていきました。

ただ、練習への意欲は全く変わりませんでした。５００ｍの世界記録を塗り替えたいという目標があったからです。ここまで高められたのだから、その勢いをつなげていきたいと考えていました。

シーズン前半は、自分でもよくやれていると思うぐらいのタイムが出ていました。しかし身体は正直。2019年1月下旬に男子と一緒にハイスピードで滑る質の高い練習をした時です。身体のバランスが崩れた状態でもハイレベルの練習ができてしまったことで、一気に左股関節への負荷がかかりました。

2月8日にインツェルで開幕する世界距離別選手権の直前は、左脚一本の状態で、陸上での深い屈伸ができなくなりました。股関節が良い位置にはまっていない感覚があり、痛みが出て力が入りづらくなりました。

世界距離別選手権の500mは、優勝したバネッサ・ヘルツォーク（オーストリア）に0秒08遅れて2位。2016年10月から続いていた500mでの国内外の連勝は37で止まりました。

連戦連勝から解き放たれた

悔しさはありましたが、連戦連勝だった状態から解放され、楽になった気もしました。

そこからは、勝ち続けることに縛られることなくレースに臨むことができるようになり、レースを愉しむことができました。

ヘーレンフェーンで行われた世界スプリント選手権で2年ぶり2度目の総合優勝を果たし、その後一時帰国した際に、お世話になっているトレーナーの方に診ていただきました。左股関節に少し違和感はあったものの、世界記録に挑戦したいという気持ちは変わらず、高速リンクのソルトレークシティーで3月に行われるW杯最終戦に向かいました。

女子500mの世界記録はサンファが持つ36秒36。1日目は36秒47の日本新を出し、2日目も36秒49で優勝しましたが、世界記録には届きませんでした。

1週間後にカルガリーで行われた五輪オーバルファイナルでも世界記録を更新することができず、記録が公認されなくても挑戦したいと思い、男子500mのカテゴリーにエントリーする許可を得て、男子選手と同走しました。結果は36秒39でした。

当時はタイムにこだわり過ぎていて、スピードにつながるスムーズなスケーティングではなく、タイムを出しにいくという力みが減速になるようなスケーティングになっていました。平昌五輪の時は8割ぐらいの努力感で技術をコントロールできていましたが、身体の不調部位を補うように全身の使える筋を総動員させて滑っていたので、力みにつながりブレーキになっていたと思います。

最終的に500mの世界記録を出すことはできませんでしたが、実力的には狙えるところまできていたはずです。記録には残らなかったものの、そのぐらいのパフォーマンスを出せるレベルには成長していたと思います。

その一方で、平昌五輪から1年以上経っても、周囲の目を避けるような生活は続いていました。しかし、ようやくたどり着くことができた五輪チャンピオン。自分自身が変わらないと人生は豊かになりません。部屋の中にこもるのではなく、地域の人たちと接点を持てるようになりたいと思いました。そのような想いを抱えていた頃、長野県で台風災害が発生しました。

２０１９年10月13日未明、長野市の千曲川堤防が決壊し、長沼地区などが浸水による被害を受けました。

前夜は、自転車の練習で使っていた千曲川沿いのサイクリングロード付近を映すライブカメラの映像を見て、川の水が堤防を越えてしまうのではないかと心配しながら眠りにつきました。翌朝、テレビをつけると、堤防が決壊して濁流が民家の間を縫っていく映像が目に入ってきました。

決壊した堤防付近はサイクリングで何度も通ったことがありました。リンゴ農家の人が早朝から働く姿を見ていたので、そうした人たちの顔が思い浮かびました。さらにテレビのニュース番組で農家のおばあさんが「もうね、農業は諦めます」と言って悲しそうな顔をしているのを見て、胸が痛みました。

そのおばあさんは、おそらく農業が生きがいだったはずで、それが奪われようとしている。そう考えた時に、周りの目が気になり、人に会うのが怖いからと何もしないのではなく、少しでも力になりたいという気持ちを行動に変えなければという思いを強くしました。

しかし、２週間後にはシーズンの開幕戦が控えていました。すぐに行動することはできなかったので、シーズンが終わる３月にボランティア活動に行けるよう、準備だけはしておこうと考えました。１月にオンラインでボランティア登録を済ませ、保険にも入り、長靴や防じんマスクなども準備しました。

人生を変えた台風被災地でのボランティア

新型コロナウイルスの感染が世界各地で拡大していた２０２０年３月。シーズン最後のレースを終えて帰国し、２週間ほど経ってから台風19号災害の被災地の長野市長沼地区へボランティア活動に行きました。

結城先生に事前に相談すれば、怪我を心配すると思ったので、何も伝えずに行くことにしました。先生に確認したのは、練習が休みの日程だけです。

実際、現地に着くとがれきも残っていて、ボランティア先の山口英徳さんに「お願いだから、怪我だけはしないで」とご指摘をいただきました。「こんな所で怪我をするようなな集中力ではアスリートはできないので任せてください」とお話しし、積極的に動きました。

一緒に活動したボランティアの人たちは私を特別扱いするのではなく、「奈緒ちゃん、これお願い」と手際良く指示を与えてくださったので、私は「これをやっておきます」と息を合わせてお手伝いすることができました。打ち解け合って、一緒になって汗を流し、その場が自然と笑顔に包まれました。

作業は本当に大変でした。浸水して泥に浸かった倉庫を解体するため、家具や不要になった物をひたすら外に運び出しました。

休憩時間に山口さんが、家にあった長野冬季五輪の記事を切り抜いたスクラップブックを「水浸しになって乾いていないけど」と言って見せてくれました。選手にもらったサインが駄目になってしまったという話もお聞きし、長野五輪を応援していたことを知りました。

その家で搬出作業が終わると、まだ時間があったので隣のリンゴ畑にお手伝いに行きました。農機具が倒れて重油が畑の中に染み込んでしまったので、その土をスコップで掘り出して取り除く作業をしました。最初は袋に土をいっぱい詰めてしまい、重たくなりすぎて運ぶのが大変でした。運びやすい量に調整して詰めることも学びました。

6月には小林美代子さんのお宅のお手伝いに行きました。泥に浸かってしまった家の土台や柱を、カビが生えないようにひたすら掃いたり拭いたりする作業でした。小林さんが「小平さんがお手伝いをしてくれたから、もう一度この家に住めるように頑張らなくちゃ」と言ってくださったことが記憶に残っています。

その冬の2020〜2021年シーズンは、被災地への想いを込めて真っ赤に実ったリンゴをデザインしたレーシングスーツで大会に出場しました。それをニュースで見た被災地の田中英男さんが「元気をもらった。感動した」と書いたお手紙とリンゴを相澤病院に贈ってくれました。

田中さんに直接お礼を言いたくて、お家に伺ったものの不在だったため、お礼の言葉を綴《つづ》ったはがきを郵便ポストに入れました。そこから交流が始まりました。

きっかけは台風災害という悲しい出来事でしたが、人とのつながりを持つことができたということは私にとって大きな救いになりました。

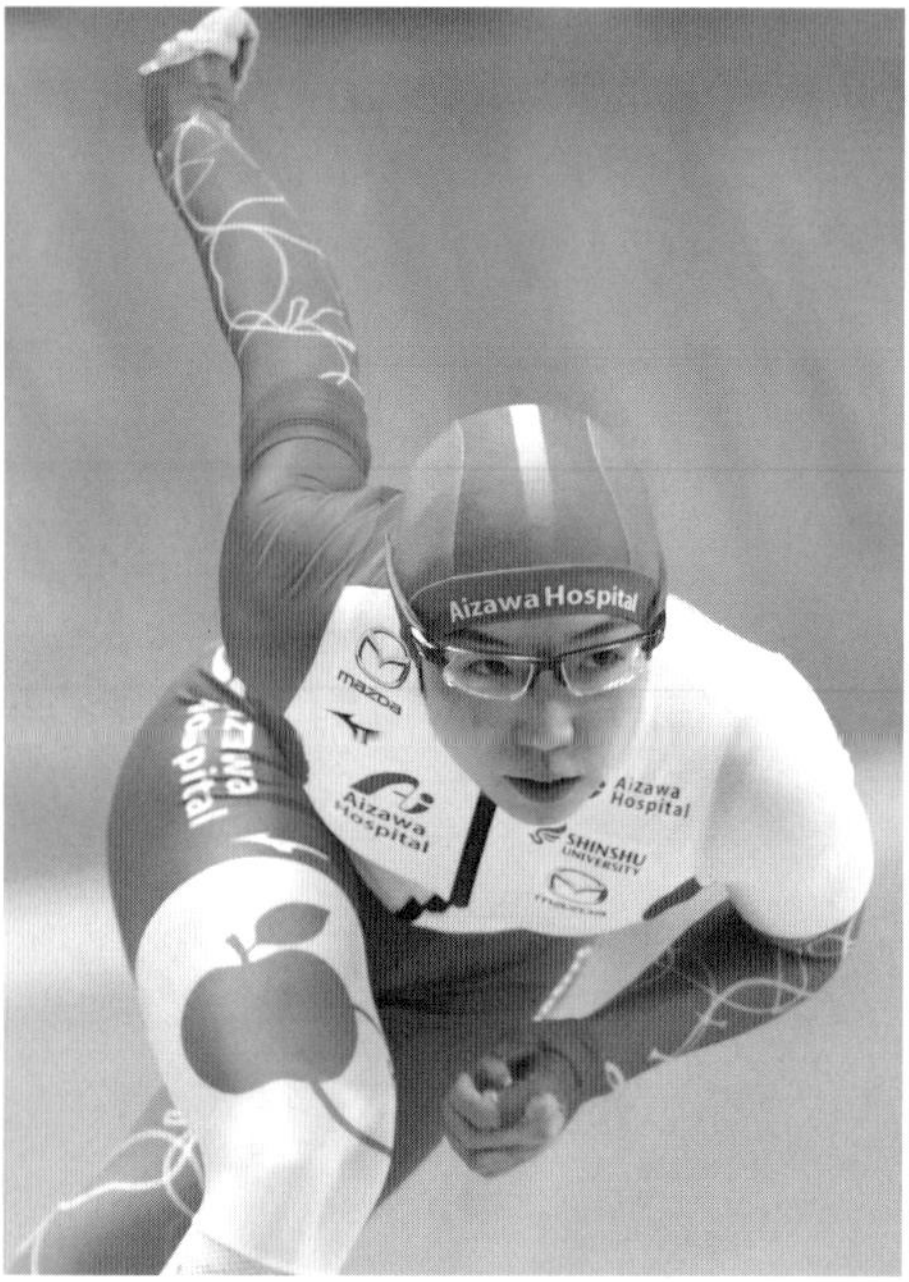

台風被災地への想いを込め、2020～21年シーズンは
右脚にリンゴを描いたレーシングスーツで滑走した
＝2021年2月24日、長野市エムウェーブ

Chapter 5.

使　命

五輪チャンピオンになって注目を集めたことで生きづらくなるのではなく、地域の皆さんと積極的に関わることでこんなにもたくさんの笑顔を見られる。遠い存在ではなく、身近な存在でいられる私がそこにいました。

だから平昌五輪で良い結果を出せて良かったことは、一度悩んでから、ありのままの自分でいるためにどうすればいいかが見つかったことです。大好きな信州を支えたいという想いを、行動に移したことで自分の殻を破って人生を変えることができました。それが一番の学びです。

股関節の違和感　「北京」へ時間をかけて

新型コロナウイルスの感染拡大に見舞われた２０２０年夏は、活動拠点の信州大学やエムウェーブなどの屋内施設が使えなくなりました。練習道具を外へ持ち出し、エムウェーブの半屋外の屋根の下や芝生の上で練習しました。

大学生と卒業生らで構成される私たちのチームは、もともと限られた環境の中で工夫しながら練習してきたので、そのことへの不満はありませんでした。ただ、体育館の床ではなくコンクリートの上での練習は、左股関節の状態があまり良くない私にとっては負担になっていました。

また、結城先生は大学教授という立場上、コロナの感染拡大中に学生を集めて指導することができない状況でした。そのため私が学生に声をかけて練習していた期間がありました。コーチのような役割もして教える立場を経験できたことはプラスでしたが、自分の練習に集中しきれない時もありました。

このシーズンはコロナ禍の影響で年内のW杯が全て中止になり、日本スケート連盟は年明けの国際大会に選手を派遣しないことを決めました。

国内の大会にしか出場できませんでしたが、股関節の状態が良くなかったので、結果的には良かったと思います。落ち着いて自分の身体と向き合う時間を取れました。

平昌五輪の翌シーズンから股関節の違和感はずっとありました。我慢できるぐらいの痛みというか、力が入りづらいというか、言葉で表現するのは難しいのですが……。

股関節はいろんな筋肉が関わり合ってはまっています。どこかの筋肉が強く張っていると、股関節の位置がずれてしまいます。下半身と上半身の中継所になり、股関節が良い位置にないため全身が連動していない感覚がありました。

しかし他の部位を使えていたので、良い意味で補うことができていました。体幹の強さや、下半身の細かいバランスの取り方で、ある程度は滑ることができました。他で補えていなかったら、選手生命は終わっていたかもしれません。

このシーズンは、国内の５００ｍで5シーズンぶりに負けるレースもあり、12月上旬には氷上から一度離れてリセットする決断をしました。結果が出ないからということではなく、このままだと滑ることの愉しさからかけ離れていくような気がしたからです。

陸上で、股関節の位置を良い位置に戻すようなストレッチを入れ、それを身体の中で調和させるエクササイズなどに取り組みました。身体を休ませるといった静的なコンディショニングではなく、身体の機能を改善させるエクササイズに取り組みました。

それにより、股関節の感覚は良くなりましたが、リセットしたことで筋肉が緩み過ぎてしまい、氷上に戻ってからは本来の力感がない状態でした。それでも必要な筋肉を作り直していくには時間が必要だと受け止めていました。

タイムだけを見れば、周囲の人は五輪の連覇は厳しいだろうと感じていたかもしれません。しかし調子が悪いのではなく、身体を計画通り回復方向に誘導できている感じがありました。私の中では、時間をかけて上手にコンディショニングをしていけば、翌シーズンの北京五輪で戦える感覚はありました。

生まれ持った身体でパフォーマンスを高めることに意識が向き、自分の身体の仕組みについてもじっくり向き合えた時期です。解剖学や生理学の分厚い専門書を眺め、身体と感覚の地図を広げていくような時間を過ごすことができました。

「北京」前に足首を捻挫「終わったな」

2022年の北京五輪は、平昌五輪の時よりも自分のパフォーマンスが上がっているイメージを描いていました。しかし平昌五輪の後に身体の不調が起こってしまったので、目の前のことを乗り越えていくことに必死でした。北京五輪はメダルを獲るというより、ベストの状態にもう一度持っていけたら結果はついてくるだろうと考えていました。

2020年末に氷上を離れて自分の身体をしっかりリセットできたこともあり、北京五輪に向けた2021年の夏は股関節の違和感が解消されつつありました。これで戦えそうだという感覚を持って練習に励むことができました。

五輪シーズンが始まり、2季ぶりのW杯は11月中旬のスタヴァンゲル大会（ノルウェー）の500mで優勝し、12月のカルガリー大会は1000mで優勝することができました。練習の位置づけで1500mに出場していたにもかかわらず、年内のほとんどのレースで表彰台に上がることができ、疲労が抜ければ五輪でもチャンスはあると感じ取ることができました。

周囲で500mの五輪連覇を期待する声が高まっていましたが、もう一度五輪の舞台で自分を表現できるという喜びの方が大きかったです。伸び伸びと最大限の自己表現をすることだけを考えていました。

しかし、年が明けた1月15日、予期せぬことが起こってしまいました。練習のためにエムウェーブに到着し、駐車場に車を止めてから練習道具を持って入り口まで歩いていた時です。斜面で足を滑らせてしまい転倒して、右足首を捻挫してしまったのです。

前日は雪が降りました。雪がたくさん積もった近道を通っている人もいましたが、私は雪かきされた場所を歩きました。おそらく雪かきをした所が前夜に凍り、まさにスケートリンクのような状態になっていたのだと思います。その上にうっすらと雪が乗っていたので、凍っていたことが分かりませんでした。

転んだときに「ブチッ」と聞こえたような気がして、「まずいな」というのはすぐに分かりました。その一方で、ウォーミングアップで足首をなじませていけば大丈夫かもしれないとも思いました。捻挫ぐせがあり、捻《ひね》ったぐらいなら大丈夫だったという時もあったからです。

結局その日は練習ができず、結城先生から「帰って冷やしなさい」と言われて家に帰りました。痛いというよりは、自分の足が『宙ぶらりん』のような感覚。それ以外の表現が見つかりません。受傷してから72時間が大事ということなので、動きたいという衝動を抑え、とにかく安静にしていました。その時は「私の4年間、終わっちゃったな」とも思いました。

W杯カルガリー大会の女子1000mで優勝、500mと合わせて
日本人最多に並ぶW杯通算34勝目を挙げた。マスク姿で撮影に応じる
=2021年12月11日(©Jeff Mcintosh/The Canadian Press via ZUMA
Press/共同通信イメージズ ※Canada and U.S.RIGHTS OUT)

シーズン終了後にレントゲンを撮って分かったことですが、切れていた靭帯《じんたい》が2本ありました。傷の状況から、おそらく1本はオランダ留学時代に捻挫した時に切れたのではないかということでした。もともと切れていた靭帯があったので、ストッパーがないような状態になっていて、転んだ時にもう1本が切れてしまい、踏ん張れなかったのではないかと想像しています。

結城先生は私が五輪のスタートラインに着けるのかを心配していて、日本代表チームに迷惑をかけないように、いつまでだったら他の選手と入れ替えることができるかなど、いろいろなことを考えていたようです。

私はまず目の前のことを受け入れ、自分の弱みと向き合うことから始めました。どうやったら滑ることができるのかということに一生懸命向き合い、自分がコントロールできることに意識を注ごうと決意を固めました。今日よりは明日、明日よりは明後日と、どこまで回復させられるかに全力を注ぎました。不安に思う時間さえも、良くなる方向に働きかけていたと思います。

「北京」でありのままの自分を表現

1月30日に北京入りしてからも、しばらくはジョギングができない状態だったので、自転車を使ってウオーミングアップをしました。テーピングをしっかりすれば滑ることはできました。

2月5日のタイムトライアルは、100mを通過してから1周のラップタイムはいつも通りのスピードが出ましたが、スタートだけが思うようにできない状態でした。女子500mは13日。当日は氷上でのウオーミングアップ後、右足首に施していた数本のテーピングのうち、違和感があったテープを1本外しました。結城先生やトレーナーに提案し、私の意見を受け入れてもらえましたが、その1本のテープが命綱でした。

覚えているのは、スタートで最初の一歩が踏ん張れなかったことです。レース後の取材で「つまずいた」と話したと思いますが、つまずいたと思ったほど力が入らなかったのです。あとは歯を食いしばって滑っていたことしか記憶にありません。

結果は38秒09で17位でした。自分の感覚に委ねて滑りたかったのですが、構造的にはそこにテーピングがないと駄目だったようです。しかし、そのテーピングがあったとしても、タイムトライアル（37秒65）ぐらいの記録しか出せていなかったと思います。

500mのレース後は、捻挫したことをあえて話すようなことはしませんでした。4日後に1000mがあり、そこまで全うしたかったからです。何かを言い訳にして最後の1000mを滑るのではなく、ありのままの姿でしっかり表現しきって終えようと思っていました。

1000mの時は当初のテーピングに戻すことにしました。日ごとに足首の状態は良くなっていましたが、足元を支える土台の不安定さは残ったままだったので、いまひとつの状態でした。

1000mのレース前、結城先生に「どんな結果だったとしても、ゴールしたらハイタッチしてください」とお願いをしてスタートラインに向かいました。

結果は10位でしたが、ゴール後に結城先生とハイタッチをして自分自身の挑戦を受け入れることができました。成し遂げることはできませんでしたが、自分なりにやり遂げることはできました。

結果への悔いは全くありません。仕方ないことは誰にでも起こり得ることだということを身をもって実感し、その中でありのままの自分を示すことができました。私が私で闘えました。多くの方から勇気をもらったという言葉をいただき、それだけでも滑ることを諦めなくて良かったと思うことができました。

五輪が終わり、W杯最終戦までの間にインツェルで合宿をしました。その時にフランスのウエアを着た若い女子選手が近寄ってきて声をかけられました。「あなたが何番で滑ろうと関係ないの。みんながあなたのことを好きなのよ」と。私のことをそうやって見てくれている世界のスケーターがいたことを嬉しく思いました。

シーズンを最後まで戦い抜こうという思いと、オランダ留学時代のチームメイトで同世代のイレイン・ブストの引退レースだったこともあり、W杯最終戦のヘーレンフェーン大会に出場しました。私は完全な状態ではなかったものの、初日の500mで3位になれるぐらいまで足首は回復していました。

競技人生のゴールを決意

２０２２年４月12日、長野市で記者会見を開き、10月の国内開幕戦でもある全日本距離別選手権の５００ｍを競技人生のラストレースにすることを発表しました。

スケートを続けていく中で、以前から私の長い人生をスケートだけで終わらせることに疑問を感じていました。信州大学に進学したのも、スケートだけではなく、教育を学びたかったからです。まだ見ぬ知らない世界にも興味を持つようになりました。北京五輪シーズンを迎える前年の春ぐらいから、練習で移動する時に車の中で結城先生に今後の人生で次にやりたいことを相談することが多くなりました。

以前から、五輪は北京が最後かなと考えていました。五輪の周期で物事を決めているわけではありませんが、自分の人生を次に進めるには良いタイミングだと思ったからです。

年齢による体力の衰えを感じていたわけではありません。トレーニングを続けていけば、まだまだ世界で戦える滑りができると思っていました。それよりも人生の時間割をどうするのか、この命をどう使いたいかを考えた時に、心が次の想い描く未来へ向いたので、スケートのゴールラインを自分自身で決心しました。

結城先生との会話の中で「最後はどこのリンクで滑りたいか」という話をしました。「やはり長野のエムウェーブがいい」と思いました。私がスケートで夢を追うきっかけになった長野五輪の会場ですし、信州で生まれ、信州で育てていただいた御恩も感じていたので、そこはこだわりたいと思いました。

ラストレースに向け、春から一瞬たりとも無駄にしないような日々を過ごしました。五輪を目指していた時よりも純粋にスケートに向き合えている感じがしました。グッと歯を食いしばるような練習もありましたが、今やっていることが、愛《いと》おしいような感覚で取り組むことができました。

やはり、これまでは見えないプレッシャーを感じていたのかもしれません。すっきりした気持ちになり、本当に良いコンディションの中、今までで一番練習を愉しむことができました。

6月は練習がフリーの期間が10日ほどあり、島根県の隠岐諸島で個人合宿をしまし

競技生活からの引退を表明し、
涙をこらえながら記者会見に臨んだ
＝2022年4月12日、長野市内

Chapter 5.

—

使　命

た。車に練習道具など載せられる限りのものを積み込み、フェリーを使って島に移動しました。

自分一人で追い込む練習をするのは、質も強度も自分の意志が試されます。メリハリを付け、練習時間、目的、自分自身の動きの課題や修正点を明確にして、集中して練習に取り組みました。現地には私を以前から応援してくれている方がいて、練習の合間にはその方が経営しているコーヒースタンドで接客も体験しました。スポーツの世界ではあまり経験することのなかった、社会で人と関わりながらつながっていく空間に自分を置いてみたかったからです。

8月には岡谷市でショートトラックの合宿を行い、1000mのタイムトライアルでは自己ベストを更新することができました。その時に結城先生から「10年先もやれそうだな」と最高の褒め言葉をいただきました。10年先の滑りを追求していくことが、私たちのチームの目指すところだったからです。それを今、表現できていることが嬉しくなりました。

身体の状態も次第に良くなっていきました。北京五輪は、違和感があった股関節を改善していく過程で迎えたため完全な状態ではなく、五輪直前には捻挫もありました。

そうした状態から回復し、その延長線上で身体を自由に動かせるようになっていきました。まるで自分が生まれ変わっていくような感じでした。

夏の練習とはいえ、頭の中ではいつも氷上で滑っている自分をイメージしています。そのイメージと自分が求めていたことへの答え合わせをするような時間でした。身体のコンディションが良くなって思うように動けば動くほど、いろいろなことが紐解《ひもと》くように分かってきました。「こういうことだったんだ」と正解が見えてくる、そんな夏でした。

疲れが抜けにくくなるような感覚もなく、身体を機能的に使えている感じで、心身ともに充実していました。日頃から身体のコンディショニングを徹底し、セルフケアも毎日行うようにしていました。もともとトレーナーが常時帯同しているチームではないということもあり、学生時代から身に付けていた自分なりの工夫が生活の中にありました。

「金」より「世界記録」より心震えたラストレース

9月に帯広市で3週間の氷上合宿をしてから、ラストレースの会場になるエムウェーブに移って練習を始めました。

最後と考えると、特別な想いを抱いて感情が高ぶってしまう部分がありますが、やはりアスリートとして一つのレースに向かって感覚を研ぎ澄まして最高の滑りを表現したい。そう思うと、レースへの集中力も自然と高まっていきました。

しかし、レース前に一度だけ、感情が高ぶり、涙が出てしまった出来事がありました。大会の2日前に受け付けを済ませ、いただいたプログラムを開いた時です。相澤病院のメッセージが掲載されているページが目に留まりました。

〈たくさんの応援をありがとう。たくさんの声援をありがとう。たくさんの笑顔、たくさんの涙。たくさんの歓喜をありがとう。13年間、そのエールの傍《そば》にいられたことを私たちはとても嬉しく、誇りに感じています。大きな声で後押しはできないけれど、あたたかな拍手で包み込むことならできるから。ラストレースを一緒に愉しみましょう。いつまでも途絶えない、たくさんの拍手とともに〉

それを見てしまった瞬間、30分ぐらい涙が止まりませんでした。それから急いで沸き立つ感情の扉を閉め、最後までアスリートとして滑り抜きたいという強い想いを奮い立たせました。

ラストレースの女子５００ｍは全日本距離別選手権2日目の10月22日。当日は朝から、会場の外まで列ができるほど大勢の人たちが、エムウェーブに足を運んでくれました。

私はレースの3時間ぐらい前に会場に入り、ウォーミングアップを陸上で1時間程やってから、氷上で20分滑ります。その氷上アップの時には既に観客席がいっぱいで、私が滑る後を追いかけるように拍手が続きます。本当に背中を押される思いでしたが、一瞬でも会場の皆さんの顔を見てしまうと涙がこぼれそうだったので、見ないようにして目の前のことに集中することだけを考えました。

６００人を超える人たちでいっぱいになった空間は、人の温もりで包まれるような感じでした。今まで積み上げてきたものを全て、この氷に乗せたい。ただ、その想

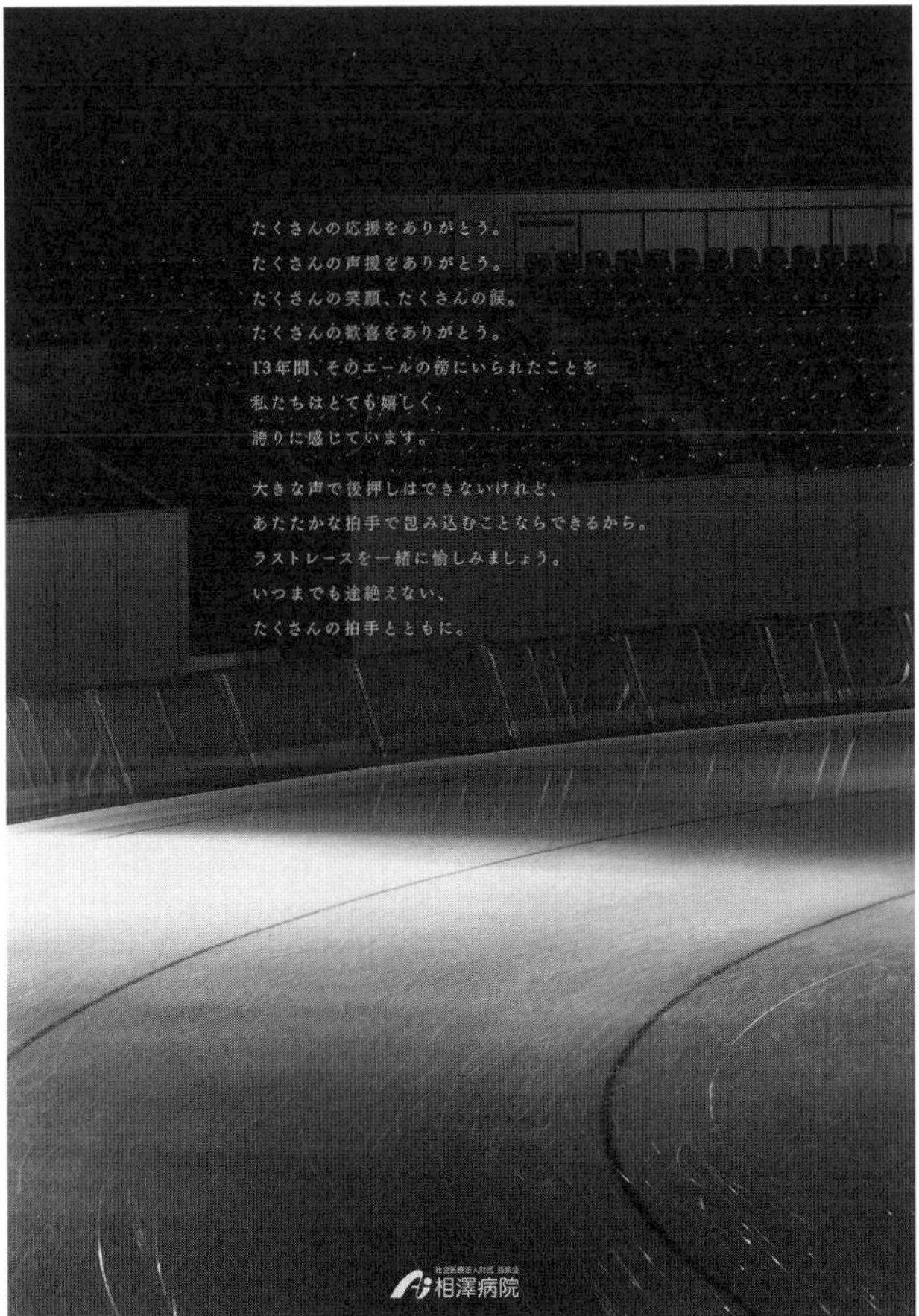
たくさんの応援をありがとう。
たくさんの声援をありがとう。
たくさんの笑顔、たくさんの涙。
たくさんの歓喜をありがとう。
13年間、そのエールの傍にいられたことを
私たちはとても嬉しく、
誇りに感じています。
大きな声で後押しはできないけれど、
あたたかな拍手で包み込むことならできるから。
ラストレースを一緒に愉しみましょう。
いつまでも途絶えない、
たくさんの拍手とともに。
相澤病院

ラストレースのプログラムに掲載された相澤病院の全面広告。
温かなメッセージに涙が止まらなかった

現役引退セレモニーにサプライズで登場した
オランダ留学時代のマリアンヌ・ティメルコーチ（左）。
この日のために来日した
＝2022年10月22日、長野市エムウェーブ

いだけでレースに臨みました。

氷からの反応を愉しみ、足が氷にくっついているのではないかと思うほど、氷とピタッと寄り添うようなスケーティングができました。北京五輪シーズンだった1年前の開幕戦よりも速い37秒49で優勝することができました。

最後のストレートはすごく記憶に残っています。「ゴールに飛び込むだけ。もうここからは自由だ」という気持ちでした。誰かに勝つとか、良い記録を出すとかではなく、何にも縛られずに駆け抜けたストレート。スケートを始めたばかりの頃のような、無邪気な気持ちになっていました。

最後に引退セレモニーまで用意していただき、本当に幸せな時間を過ごすことができました。オランダ留学時代のコーチだったマリアンヌが、サプライズで花束を持って登場したのはとても驚きました。この日のために来日していたことを知り、選手として大切に想ってくれていたことを感じ、嬉しく思いました。

私もサプライズで観客の皆さんにプレゼントをお配りする計画を半年前から進めていました。2019年10月の台風19号の被災地で採れたリンゴ1000個を購入し、お礼のメッセージと、被災地のリンゴ農園マップを掲載した『Nao Notebook』を作成し、セレモニー後に配布しました。しかし、まさかあんなにたくさんの人が集まってくださると思わなかったので、足りなくなってしまったのは嬉しい誤算でした。

本当に夢見た空間の中で滑ることができた瞬間は、五輪で金メダルを獲った時よりも、世界記録に挑戦した時よりも、私にとっては心震えるものになりました。

4回の五輪を一緒に闘い、ラストレースまで履いていたスケート靴は、大学1年の時から使っていたものです。亡くなった祖父が購入してくれた靴で、18年目に入った「おじいちゃんシューズ」。何度も革を張り替えたり、カーボンを補強したりするリメイクをして大事に使ってきました。

日本で足型を取ってから、アメリカのメーカーに送って作ってもらったオーダーメイドです。

途中で何度か、新しい靴を作ったこともあります。大学時代に憧れていたシンディ・クラッセンと同じカナダ製の靴を試したり、オランダ人と同じ靴で滑ってみたいと思ってオランダ製を試したり。しかし硬さやしなりのようなものが私には合わず、結局、感覚が一番良かった元の靴に戻しました。

自分のブレード（刃）で靴を蹴ってしまうことが何度もあり、右の踵部分に貫通するほどの穴が空いたこともありました。その時は結城先生が靴職人になり、繊維を詰めて接着剤で固め、最後は黒いマジックで塗って何事もないように修理してくれました。

おそらく18年も同じ靴を使っている人はいないのではないでしょうか。屋内リンクで滑ることが増え、雨や雪の影響を受けることが少なくなって革の劣化が進まなくなったこともあると思いますが、壊れることなく最後まで履くことができました。

スケート靴はまさに身体の一部。何度も何度も転んでは立ち上がり、たくさんのトップスピードも味わうことができました。本当に想い出がいっぱい詰まったスケート靴。家族の応援の形が宿る靴と、ここまで一緒に滑り抜いてこられたことも感慨深いものがありました。

見てきた世界、出逢った人の素晴らしさを伝えたい

小学5年の冬、1998年の長野五輪をテレビで見て、五輪で活躍する選手になりたいと思いました。初めて出場した2010年バンクーバー五輪は、4年に1度の注目される舞台で、いろいろな人と感動を共有したいと想いながら臨んだ大会です。次の2014年ソチ五輪は結果を出したいという気持ちが強くなり、それが苦しいレースにつながってしまいました。2018年平昌五輪の時は純粋にスケートの面白さに向き合い、その結果、500mで金メダル、1000mで銀メダルを獲得することができました。その延長線上を駆け抜けたいと思っていたのが2022年北京五輪でした。

もともと愉しもうとしていたのに、2回目の五輪までは期待を背負って闘っていました。平昌五輪の頃から「期待は背負うものではなく、抱くもの」と意識が変わり、自分の進む未来像を描けるようになりました。

スケートの奥深さを知り、極めていくことの面白さに気付き始めた頃から、五輪が全てではないと思うようにもなりました。

一緒に闘ってきた選手たちから、順位やタイムに現れないところで素晴らしい人間性を感じ取ったこともあります。しかし五輪の結果だけで、そういう選手たちが埋もれてしまうことがあり、自分の中ではもどかしさが残りました。

平昌五輪で金メダルを獲得し、その後もW杯などで勝ち続けることができましたが、その頃から勝つことに意味を見いだすのではなく、人生の豊かさについて考えるようになりました。

勝てなかった頃は、勝つことが人の価値を決めていると思い込んでしまっていたのも事実です。しかし実際に自分が頂点に立った時、人の価値は順位などの優劣ではなく、もっと違うところにもあるのだということに気付くことができました。

人間はそれぞれ生まれ持った身体に違いがあり、その身体を最大限に活かしながら成長していく過程に大きな意味を持つように思います。だから順位や数字の優劣で相手や自分自身の価値を決めつけるのではなく、違いを尊び、誇り高く生きていくことで、新しい自分自身の価値やスポーツの価値に気づくことができるのではないでしょうか。

５００ｍでは世界記録を更新することはできませんでしたが、記録に対する後悔は全くありません。ほとんどの種目で五輪記録が更新された北京五輪で、女子５００ｍは私の持つ記録が残りました。平昌五輪当時、そこまで高いパフォーマンスを出せていたのだと、改めて感じた一方で、記録は必ず破られるものだと思っているので執着心はありません。

私という人間がどうありたいかが大切で、そこにたどり着いた時に自分の価値を見いだせるのではないでしょうか。

私が見てきた世界、出逢った人たちの素晴らしさなどをいろいろな人たちに伝えていきたい。それはチャンピオンなることができた私の使命だとも思っています。

Epilogue

人生の旅を走り続けていく

アスリートが引退を決断する理由やタイミングは、人それぞれの考え方があると思います。私は以前から、スポーツで心も身体も擦り減らしてボロボロになって引退することに違和感を抱いていました。

ボロボロになって終えていたら、おそらく本当に燃え尽き、まるで人生までも終わったかのような感じになってしまっていたと思います。

私は心身ともに健全で充実した状態のままラストレースに臨み、そこを「ゴール」にするのではなく、「駆け抜けたい」と考えていました。その先を今も走り続けています。

ラストレース直後の2022年11月は、準備がままならないまま11回の講演を行いました。ありがたいことに、その後も多くのご依頼をいただき、既に2023年末までは週2回、多い時は週3、4回の講演やイベントのスケジュールが入っています。全国各地の小学校、中学校、高校の他、企業や団体からのご依頼も多くあります。病院関係の学会などで講演する機会もいただきました。

選手時代はスケートリンクの上で黙々と自分自身と対話していることの方が多かったのですが、今はこれまで経験したことがないほど声を出して話し続けています。時には90分の講演もあります。恥ずかしがり屋だった私が人前でそんなに長い時間話すことになるとは想像できませんでした。

先方の要望に添って講演をしますが、テーマは大きく分けると「人とつながる」「唯一無二の自己表現へ」「知るを愉しむ」です。

講演活動と並行し、氷がある期間は、子どもたちのスケート教室やイベントに参加しました。地元の長野県内だけではなく、北海道帯広市や栃木県日光市、群馬県渋川市でも子どもたちと触れあいました。

茅野市のリンク「ナオ・アイス・オーバル」で小学生が練習している時間にサプライズで訪問したこともありました。子どもたちに心に残る経験をプレゼントしたかったからです。普段いるはずのない私がリンクにいるということに、子どもたちはとて

茅野ジュニア競技会で小学6年の優勝者に「小平奈緒杯」を授与
＝2023年1月8日、茅野市運動公園ナオ・アイス・オーバル

も喜んでくれました。スケート靴を履いて一緒に滑ると、息を弾ませて一生懸命追いかけてくる音が聞こえてきました。

1回の教室でも、滑りが変わってとても上手になる子もいます。私も昔はこうやって上手になっていく過程を愉しんでいたのかと思うと、懐かしい気持ちになりました。子どもたちは苦しいことや悔しいこともたくさん経験し、難しいことにも挑戦してドキドキやワクワクを体験してほしいです。競い合える仲間がいるから味わえることがあり、少し厳しい言葉をかけてくれる大人がいるから、いろいろな事を考えたりもできます。

競技人口は減っていますが、スケートができる環境があり、それに夢中になり始めた子どもたちが、スケートを通して心豊かに成長してくれたら、スケートというスポーツが存在する意味があるのではないかと思います。

競技を退いてから信州大学の特任教授に就任し、1年生のキャリア教育の授業や、2023年春からは1年生に健康科学を教える授業もスタートしました。経験を伝えるだけではなく、私の考えを示し、学生にどう考えるかを問いかけ、その中から新たな発想が生み出される瞬間があればいいと考えています。

相澤病院では２０２３年４月から広報企画室に配属され、これまでとは違った環境で活動しています。

ラストレース後、めまぐるしい日々を過ごしながら、これまでに出逢えなかったような人たちと出逢い、経験したことがないことを経験させていただいています。

将来は地域の中でたくさんの人たちとつながりながら生きていきたいと思っていますが、まだ自分のやりたい道には向かえていない状況です。思っていた以上に講演などのご依頼が多いこともありますが、求められるということは何かを学ぶチャンスでもあります。人とのつながりが持て、私が社会の中で生きていくための視野も広がっていきます。

今をやり遂げていくことは、その先の夢中になれるものに必ずつながると信じています。そう考えながら毎日を走り続けています。

Contribution 1.

特別寄稿① 相澤孝夫さん

病院が目指す姿を体現してくれた

２００９年４月、松本市にある慈泉会法人事務局の理事長室で小平奈緒さんと結城匡啓コーチに初めて会いました。

小平さんから、スケートを一生懸命にやりたいという強い思いや、真面目で真摯《しんし》な雰囲気が伝わってきたことを覚えています。

信州大学を卒業した小平さんが、結城コーチの指導を受けるため長野県内でスケートを続けたいと希望していながら、就職先がなくて困っているという話は、事前に法人事務局長から聞きました。

結城コーチが相澤病院の整形外科医と交流があり、小平さんが大学時代に故障した時、相澤病院でリハビリをした縁もあったので、会う前から何らかの形で支援しようと決めていました。

実際に会い、この人なら大丈夫だと思いました。われわれのできる支援の範囲内で良ければということで、ご了解をいただき、その場で病院の職員として採用することを決めました。

採用を決めた理由の一つに、私の反発心のようなものもありました。一生懸命になっている1人の選手をどうにかして支援して支援できないものか、という気持ちです。

チームスポーツで10人も20人も雇用してほしいと言われれば無理なことですが、1人を支援するのに、ものすごくお金が必要という話ではありません。

その後、いろいろな話の中で、中途半端に働きながらスケートをやるよりは、スケートに全身全霊を打ち込む方がいいだろうということになり、長野市に住んで大学時代と同じ環境で練習に専念してもらうことにしました。

採用して1年目の2010年2月にバンクーバー五輪がありました。そこへ私たちの病院に所属している選手が出場することになり、ご近所さんや患者さんも含めて大変に盛り上がりました。全面的に応援することになって応援団を組み、私もバンクーバーまで行きました。

現地ではオランダの応援団と仲良くなりました。意気投合して、オレンジ色の手袋をもらってオランダ選手を応援し、日本選手が出場する時はオランダ人も応援してくれました。こんなに簡単に仲良くなれるんだと、五輪の魅力を感じました。

オランダ人は大声で国歌を歌って応援します。どうやって応援していいかも分からなかった私たちは、君が代は応援歌には向かないと思ったので、皆で「信濃の国」を歌いました。

団体追い抜きで銀メダルを獲った小平さんが、帰国してからメダルを持って病室を回ってくれました。いつも難しい顔をしている人が急に笑顔になる様子を見て、僕らが頑張るよりも銀メダルに触った方が患者さんが元気になるんだな、と感じるほどでした。

その時に、地域の人たちにも声をかけて報告会を開き、一体感が生まれたことを覚えています。

バンクーバー五輪で小平さんがメダルを獲ったことで、多くの人に相澤病院を知ってもらうと同時に、いろいろな方から、なぜ病院がスケート選手を雇ったのかと質問されました。

私は医療機関が特別とは思っていません。自分たちのやるべきことをしっかりやり、人件費などを払った上で、余ったお金で医療機器を購入するなど、住民のための質の高い医療に投資する。それは一般の企業と変わりません。

選手を1人雇用して給料を払ったからといって、病院の経営が傾くわけではないですし、欲しい機器が買えなくなるということでもないですから。

2014年のソチ五輪で、小平さんは目標にしていたメダルに届きませんでした。レースが終わってあいさつした時は泣きそうな雰囲気でした。競技のことは全然分かりませんが、本当に悔しかったのだろうという思いが伝わってきました。

ソチ五輪の時は、現地に着くまでが大変でした。病院の応援団は小平さんの家族や親戚と一緒に行きましたが、出発の日は大雪。高速道は通行止めで電車も止まり、私たちの乗ったバスは一般道をのろのろとしか進みません。山梨県に入ってからは動かなくなりました。

ようやく大月市までたどり着き、中央東線は普通列車だけ動いていることが分かったので、大きな荷物を持ってバスを降り、新宿行きの普通列車に飛び乗りました。松本を出発してから成田空港に着くまでに確か34時間ぐらいかかった記憶があります。

次の日の飛行機を何とか確保できましたが、モスクワに着いたのが深夜で、翌朝の便で慌ただしくソチに向かいました。現地に着いた時は疲労困憊《こんぱい》。その影響もあって、応援で小平さんを後押しできなかったのかなと思います。

さらに帰国した日も再び大雪。その日に帰れず千葉に1泊し、中央東線が不通だったので東京駅から新幹線で長野を経由して帰りました。ものすごく混み合っていた松本までの

引退会見の後、花束を手渡して一緒に写真に納まる相澤理事長
＝2022年10月28日、東京都内

普通列車の中で、具合が悪くなった人がおり、私たちの医師が診たことも覚えています。

ソチ五輪が終わった後、オランダに行きたいという相談を受けました。相澤病院には海外留学制度があり、留学中に給料をそのまま払い続けることもできるので、職員のまま送り出しました。

2年して戻ってきてから、素人の感覚ですが、スタートラインに立った時にこれまでとは違うと感じました。以前はすごく硬く、ぎすぎすした感じでしたが、それがなくなったことで、やってきたことをそのままレースで出せるようになったと思います。

2018年の平昌五輪は、予定があって1000mの時は現地に行けませんでしたが、500mには駆けつけて応援しました。世界一になったのは、すごくうれしいことです。そして全てのレースが終わり、小平さんがサンファさんに寄り添って肩を抱いた姿は、金メダルを獲ったことよりも感動しました。

エムウェーブでの現役最後のレースは、本当に彼女らしい滑りだったと思います。最後のカーブを出てからの加速は、春風が吹き抜けていくような感じでした。もともと1000mが得意だったと聞いていたので、それを活かせたのではないでしょうか。
小平さんは相澤病院を象徴する一人のひとです。飽くなき挑戦心を持ち、常に前を向いて進歩を求め、真摯に一生懸命に努力してきました。それは、私たちの病院が目指している姿でもあります。スケートを通じ、小平さんがその姿を体現してくれました。

（社会医療法人財団慈泉会理事長、相澤病院最高経営責任者）

Contribution 2.

特別寄稿②　結城匡啓さん

どんなに強くなっても、ひたむきに

「奈緒が化けた」――。

小平奈緒が信州大学に入学して1年目のシーズン。インカレが終わり、2006年1月下旬だと思います。コーナーの滑りで、急に氷に力が伝わって進むようになりました。その日の感動をノートに記しました。

氷上で選手の腰にロープを巻き、コーナーワークの姿勢で身体を思い切り傾けてコーナーリング動作を繰り返す私特有の練習があります。その後、ロープを外してほぼ全力で滑らせます。左足が上手く使えなかった小平には「まだ駄目」と言い続けていました。

当時は新谷志保美（長野県宮田村出身）も指導していました。2003年の世界スプリント選手権で総合3位になり、W杯でも3勝を挙げていた彼女のレベルに、小平がその日いきなり近づきました。

卵の中で殻を破れずにいた状態から、一気に目覚めた感動の瞬間でした。あの時のまぶしいぐらいの光景が強く印象に残っています。

思わず「今のだ」と言ったのを覚えています。小平も驚いた顔をして「これまでと違いました！」と。1回できれば、あとは再現性を高めるだけなので、良い動きを反復して定着させるだけです。

2ヵ月後の06年3月に高速リンクのカルガリーで大会に出場し、誕生日があと1カ月遅ければ世界ジュニア新記録になるタイムで1000mを滑りました。学生時代は、あの日のコーナーの滑りがターニングポイントになりました。

1999年春に信州大学に赴任した私は、長野市のエムウェーブで子どもたちも教えるようになりました。その子たちを連れて岡谷市の大会に出場した時、小学6年に速い女の子がいるのを知りました。それが小平。どんな子だろうと思いましたが、その時は見つけられませんでした。

小平が中学3年で出場した全日本スプリント選手権で、信州大の選手が500mで自己記録を一気に2秒も更新しました。でも中間整氷前の前半の組が終わった時、その学生よりも上に中学生が1人いて、それが小平。教え子の成長はうれしかったのですが、大喜びはできませんでした。

初めて小平のレースを見たのは、高校1年の時で、500mで2位になった伊香保（群馬県渋川市）のインターハイでした。ちょっと力ずくだけど元気だな——。そんな記憶があります。

高校3年の時は信州大を受験してくれると聞いていたので、リンクサイドでも気にしながら見ていました。当時はいつも緊張した顔をしていて、笑わない子だなという印象でした。

ところが、大学の入試が終わった翌日、札幌へ移動する時に偶然会うと、急にたくさんしゃべり出しました。それまでの印象とは全然違ったので驚きました。

大学に入学した当初は、スケートの刃が外に開いて力が逃げていく滑り。力を出せば出すほど氷に力を奪われていくような感じでした。逆に氷に力を伝えられるようになったら、すごいだろうなと思っていました。

練習に対しては、向かってくる気持ちが強く、すごく一生懸命。練習中に教わったことができなくて、よく涙目になっていました。朝練習では、うまくいかないまま時間切れになる時もあります。「授業に間に合わなくなるぞ」と言うと、遊んでいたおもちゃを取り上げられた子どものような顔になっていました。

夏のウエートトレーニングでは、これ以上はできないという時に私が補助に付いて、さらに頑張らせます。補助をする時に、力を抜いてしまう選手と、どうにかして自分でやろうとする選手の違いが私にはすごく分かります。小平は絶対に力を抜かず、何とかしようとする気持ちが伝わってきました。

氷のとらえ方は下手でしたが、常に片足だけで体重を支えて滑ろうとすることは、入学した時からできていました。スケートは両脚滑走の瞬間に減速すると言われているのですが、疲れてくると、片足で体重が支えきれず両脚滑走の時間が長くなるものです。片方の足が氷に着いているのに、逆の足を我慢できずに着いてしまうからです。

小平は常に片足で我慢する。そこは技術というよりもメンタルで、意地のようなものを感じました。だから転ぶことも多かった。一歩一歩最後まで片足で頑張るからです。

どちらかと言えば、器用な選手ではなかったと思います。ただ、粘る素質はありま